JN203824

ふわふわさんとチクチクさんの
ポケット心理学

心豊かに
生きるための
40のレシピ

小林 雅美

鳥影社

ふわふわさんとチクチクさんのポケット心理学

心豊かに生きるための 40 のレシピ

目　次

【ちょこっと心理学の目次】

はじめに

人生を豊かに満足して過ごす為には、
何が必要不可欠でしょうか。

財産、地位、家柄、学歴、健康、家族……
どれかが欠けていても、
心豊かに幸せに過ごしている人はたくさんいます。

しかし、
ひとつだけ欠かすことのできない大切なものがあります。

それは、**自己肯定感**に裏づけされた豊かな人間関係です。

「個人」「子ども」「社会人」「親」「上司」などという
いろんな立場によって変化する複雑な人間関係の中にいても
自己肯定感を維持し、豊かな人間関係を築きましょう。

そのための 40 の**レシピ（秘訣・処方箋）**を用意しました。

本書で使用しているイラストは一部を除き
筆者の友人である童話画家・奥村かよこ様から
ご提供頂きました。心より感謝いたします。

序　章

楽しく心豊かに生きるための心理学

交流分析

料理を作る時に、その食材を最高の状態で提供するために欠かすことができないのが、味を調える調味料です。料理にあった調味料を使うことによって、食材は驚くほど美味しい料理に変身します。

これと同様に、我々が持っている資質を最高に活かすために欠かすことができないのが、その状況に応じた心理的裏付けです。その状況における心理を考えて行動することによって、人間関係は驚くほど改善されます。

この章でお伝えする交流分析は、料理の味を調える調味料のように、あなたが本来持っている資質を最大限に活かす心理学です。

「自己理解→自己受容→自己成長→自己実現」を目指すために、根底に流れている考え方である交流分析（Transactional Analysis）を簡単に説明します。

　さて、私たちは一つの新しい言葉を覚えると、それに伴って説明しなくてもいろんな概念を包括して表現することができます。

　たとえば、"花"と言ったら皆さんはどのようなものを想像しますか。桜、かすみそう、バラ、コスモスなど、色や形は違ってもすべてを"花"という言葉でまとめて表現することができます。

　そこで、【レシピ】ごとにコラム【ちょこっと心理学】を設けました。本を読み進める中で、何故そんなことが言えるのかと疑問を抱き、「交流分析の基礎的知識」を得たいと思った時は読んでください。

　また、交流分析を熟知されている人は、序章は抜かし、第1章から読み進めて頂くこともできます。

　さて、交流分析は、1950年代後半に、アメリカの精神科医エリック・バーン博士（1910–1970）によって創始されました。その基礎概念に加え、その後、直弟子たちによって発表された論文の中で、1971年に設立された『エリック・バーン記念科学賞』受賞論文が基盤となっています。

　多くの心理学は、難しい言葉や理論の宝庫ですが、バーンは、『真の知識とは言葉を知ることよりも、どのように行動するかを知る

ことである。(Berne　1949)』と、心の在り方を平易な言葉を用いて、行動変容に繋がる理論を展開しました。

　バーンは精神分析医だったことと、理論用語に親しみやすい日常語を取り入れているので、交流分析は「精神分析の口語版」と言われています。

　交流分析の特徴を五つにまとめてお話します。

　　♥1♥　心の"おもり"を取り除く
　　♥2♥　他者に頼らず自己分析できる
　　♥3♥　システマティック（体系的）に学べる
　　♥4♥　学んだことから実践に活かせる
　　♥5♥　生き方が楽になる

交流分析の位置づけ

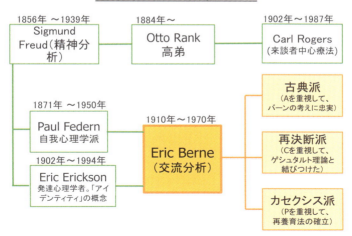

♥1♥　心の"おもり"を取り除く

　交流分析は、人間が本来持っている能力を肯定的に捉える次の三つの哲学に基づいています。行動変容を躊躇った時に、心の"おもり"を取り除き後押しをする哲学です。

『人は誰でもＯＫである』

　「罪を罰して人を罰せず」と同じような考えに立っています。行動に対しては、受け入れることができない（not OK）ことはあっても、人間の存在までは否定せず尊重するという考えです。

『誰もが考える能力をもつ』

　乳幼児からご高齢の人まで誰でも、その年齢や立場に応じた考えを持って行動しています。各人の考えを一人の人間として尊重するという考えです。

『人は自分の運命の決定権を持っていて、
その決定は自分自身で変えることが出来る』

　いやいや物事に取り組んだり、無理やり命令され従ったと思っても、最終的に従ったほうが良いと判断を下したのは自分自身です。もし不快だと感じたら、自分自身で新たな決断をして方向性を変えることもできるという考えです。

　今の生き方が、他者の顔色を見て従った結果ではなく、自分自

身で選択して歩んできたことが理解できると、これから先の生き方も自分の選択次第だということに気づきます。

　すると、行動を妨げていた心の"おもり"がはずれ、変えることができるのは"今ここ"での自分であると、自律的な一歩踏み出すことができるようになります。

過去と他人は変えることはできない
変えることができるのは"今ここ"の自分！

♥２♥　他者に頼らず自己分析できる交流分析

　心理学の多くは、カウンセラーとの関係の中で、自己変容に繋げていきます。それに対し交流分析は、自分で学ぶことにより自己分析をして、他者に頼らず自分自身で自己変容に繋げることができます。

　交流分析の目的は、**自律性の確立**です。他人に振り回されることなく、自分が自分自身の主導権を取り、自己コントロールして意思決定をすることです。

　そのためには、自分自身をいろんな角度から見つめることによって**気づき**を高めることが第一歩です。**気づき**とは、理性で理解するのではなく、心でありのままに感じる「アッ！　そうか！」と思う体験です。子どものように物事を純粋な五感を通して感じることです。自分の思考、感情、行動の理解が深まると、他人も理解できるようになります。

　気づきがあると、さらに自己成長したいという感情が芽生えます。そこで大切なことは、他者に促されてではなく、自分の意志で行動に移す**自発性**です。自分の人生の運転手に自分がなることです。

　その結果として、お互いに自分を偽ることなく、心を開いて感じていることや欲していることを共有し合う良い人間関係に繋がります。交流分析が目指すお互いの存在を肯定的に認め合う愛情と信頼に満ちた親密な関係です。

　"気づいて""自発的に動いて""良い関係を作る"ことが自律的な人生の**勝利者**への道に繋がります。

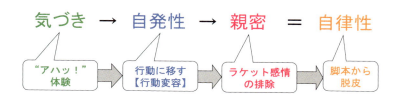

気づき　→　自発性　→　親密　＝　自律性

| "アハッ！"体験 | 行動に移す【行動変容】 | ラケット感情の排除 | 脚本から脱皮 |

♥3♥ システマティックに学べる交流分析

　交流分析は、他の心理学を否定したり排除したりするのではなく、認知行動療法、ゲシュタルト療法、発達心理学など、自己成長に有用と考えられる理論を積極的に取り入れています。

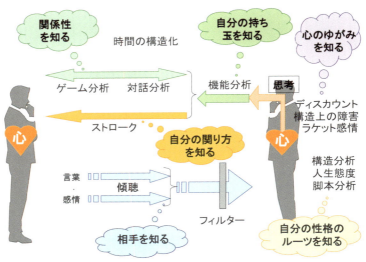

　交流分析（Transactional Analysis）の Transaction という言葉は、社会生活を営む人間が互いに意思や感情、思考を伝達し合う communication という言葉より深い意味があります。異なる**自我状態**を持った人々が、どのようにして互いに上手く意思を伝達するかを研究する際に使われ始めました。

　バーンは、トランプで賭け事をしている人たちが、お互いに微妙な心理的駆け引きをしているのを見て、商取引などで用いる Transaction という言葉を取り入れました。Transaction は、一連の作業を全体として一つの処理として管理する「すべて成功」か「すべて失敗」のいずれかと言う意味を含んでいます。

　また、Transaction という言葉は、コンピューター関係でよく使われる言葉で、「関連する複数の処理をひとつの処理単位としてまとめたもの」です。

　バーンが、この Transaction という言葉を使った理由のひとつは、人間関係は、複雑で、微妙で、繊細で、と言いたかったのではと思います。また、“自分”“相手”“その間で取り交わされる感情、考え、言動のやり取り”の三つをトータルなものとして分析することの必要性を感じたのではないかと、筆者は思っています。

　交流分析の各ジャンルの勉強は、いろんな角度から人間関係の Transaction をシステマティックに学ぶことができます。

　まず、交流の発信者として、自分の内面も含めたあらゆる角度からの自己認識が必要であり**自我状態・人生態度・人生脚本・ディスカウント・ラケット感情**などとして学びます。原因（個人の感情と思考）があって結果（言動）があるからです。精神分析の口語版と言われる色彩を残しているジャンルです。

　次に、相手と自分の間において、どのようなやり取りが行われ

ているかを学ぶのは、**ストローク・対話分析・ゲーム分析・オプション**です。心のエネルギーのいろんなやり取りを学ぶことによって、「もしかしたら私のやり取りは……」と気づき、「このようなやり取りができるようになりたい」と自己変革を図るのです。

　そして、**時間の構造化**は、いろんなジャンルの学びにおいて気づいたことを、どのような**ストローク**のやりとりをして日常生活に取り入れていけば良いかを考える分野です。一般的に、コミュニケーションの勉強は関係性改善のみに焦点が当てられがちですが、交流分析は体系的にコミュニケーションの改善を図ります。

交流分析

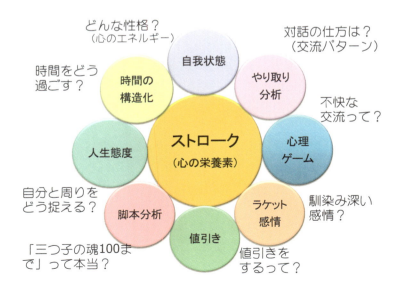

♥4♥ 学んだことから実践に活かせる交流分析

　交流分析は、平易な言葉を用い理論を展開しているため理解しやすく、即、行動変容に活かせる非常に実践的な心理学です。初歩的な学びだけでも、学んだことから実践に活かせることができるので、"ジャンルごとに**レシピ（処方箋）がある**"と言われています。例えば、

　自我状態を学ぶと、性格エネルギーの特性がわかり使い分けができるようになります。

　ストロークを学ぶと、相手への関わり方を改善できます。

　対話分析を学ぶと、相手との言葉のやり取りをコントロールできるようになります。

　人生態度を学ぶと、自分の心の状態がわかり、OKOK の態度を目指す大切さと方法がわかります。

　心理ゲームを学ぶと、なぜ相手と不快なやり取りするのか、どうすれば改善できるか理解できます。

　時間の構造化を学ぶと、日常の時間の過ごし方を**ストローク**の密度に応じてコントロールできるようになります。

　人生脚本を学ぶと、自分の性格のルーツがわかり、過去と切り離した自律的な生き方の大切さが理解できます。

このほかにも、自己成長に大切な気づきを得ることができます。

交流分析のすべての理論が理解できて、始めて使い物になるのではなく、学んだところから実践に活かして行動変容に繋げることができます。

自我状態	心のなかってどうなっているの？　ⓅⒶⒸって何？ 性格はどこから来たの？　どんな働きをするの？
対話分析	二人の間で交わされる会話にはどんな意味があるの？
ゲーム分析	繰り返される不快なやり取りって？　何故するの？ どうすれば防げるの？
脚本分析	性格のルーツって？　無意識に従っている人生設計って？
人生態度	自分と他者に対して、ＯＫであるかＯＫでないか？ ＯＫ／ＯＫの態度って？
ストローク	食物と同じくらい大切な『心の栄養素』の効能って？ どのように使えば良いの？
時間の構造化	欲しいストロークを欲しいだけ得られるように時間を使うには？

この本では、レシピごとに最後のところに【ちょこっと心理学】というコラムを設け、交流分析用語の一部を簡単に説明しています。「どうしてこのようなことを言うのだろう？」と思った時は、ぜひ、【ちょこっと心理学】をお役立てください。

♥5♥ 生き方が楽になる交流分析

　交流分析では、"ねばならぬ"と他律的な人生を送っている人に、「〜しても良いんだよ」と心に余裕を与える**許可（allower）**という考え方があります。

　たとえば、真面目な人、できる人、頑張り屋さんは、何事においても一生懸命になりがちで、上手くいかないと落ち込みが大きいです。

　もし、そんな自分に気づいたら、「リラックスして良いんだよ。ケセラセラ」と自分に言ってみましょう。心に余裕が生まれ、良い人生の循環が生まれます。

　また、相手や状況、気分、利害関係に合わせて、適切かつ自由に関わり方を選択する**代替案（option）**と言う考え方があります。

　発明王エジソンは、「失敗したのではない。1万回うまくゆかない方法を見つけたのだ」と言っています。発想を少し変えるだけで生き方が楽になります。そのヒントを得ることが出来ます。

　この**許可（allower）**と**代替案（option）**は、余裕を持って自律的に物事を捕らえ、自分を追い込まない大切な考え方です。

組織における人間関係の2大懸念事項

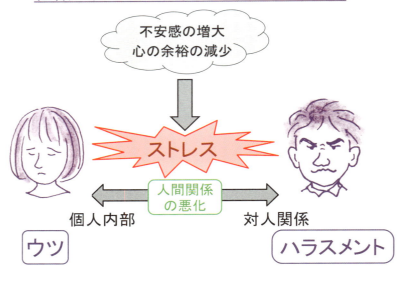

不安感の増大
心の余裕の減少

ストレス

人間関係
の悪化

個人内部　　　　　　　　　　対人関係

ウツ　　　　　　　　　　　ハラスメント

第 1 章

自分をよ〜く吟味し受け入れる

自分のことは自分が一番分からないと言われます。自己成長を目指すためには、自分の良いところも改善点もすべてありのままに知ることが出発点です。

例えば、何か料理を作る時、欲しい食材を手に入れられるお店に行き、これは高いけど新鮮だから買おう、ヒレ肉よりロースが料理に合っているなどと、自分が作りたい料理に用いる食材を手にとってよく吟味し買い求めます。このことによって、納得のいく料理を作る準備ができます。

これと同様に、自己成長を目指すためには、自分の好きなところや強みは何か、どこをどのように改善したいのかと、ありのままの自分の性格や資質をよく吟味します。このことによって、自己実現の方向性が見えてきます。

第 1 章では、納得のいく料理を作るために食材をよく吟味するように、自己実現を目指すために、ありのままの自分をよく吟味します。

【レシピ1】
見えない心を "見える化" しよう

　料理を作る時、「この食材はどんなのかな？」と吟味するところから始めますね。では、「あなたはどんな人？」と聞かれたら、どのように応えますか。

　自分が知っている自分？
　それは、自分の思い込みも含んだ「つもりの自分」です。

　周りの人に見えている自分？
　それは、取り繕っているあなたも含めた「はた目の自分」です。

　自己分析チェックシートに表れた自分？
　それは、なりたい自分も含んだ「ありたい自分」です。

　我々は人を「優しい人」とか「子どもっぽい人」と一言でタイプ分けしがちですが、誰でもいろんな側面があり、一言で決め付けることはできません。

　自己成長の為には、現状の自分がどのような状態にあるかをありのままに知る自己理解が出発点となります。

　自己理解とは、二つに分けて考えることができます。自分の内面的な感情・思考に気づくことと、自分が話したり行動していることがどのように外見に現れているかを知ることです。

　しかし、外面に現れる言動は内面の感情・思考が外部表出した
ものと考えると、自己成長には、内面の感情・思考に気づくこと
が大切です。そこで、自分が歩んできた人生の初期段階にルーツ
を発する自分自身の感情・思考の特徴に焦点を当ててみましょう。

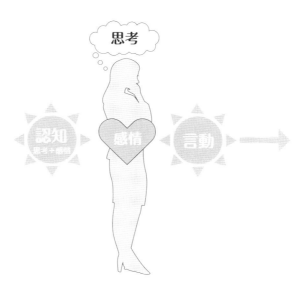

　説明の前に、次のチェックシートをしてください。このチェッ
クシートは、ジョン・デュッセイが考案したエゴグラムに、ポジ
ティブとネガティブの考え方を組み入れ、筆者が『自己理解チェッ
クシート』として考案したものです。

　性格という目に見えないものを数量化・視覚化して、自分自身
の性格を客観的に判断する手助けになります。ただし、統計処理
はしていないので、チェックの結果は自己変革の参考とし、性格

【レシピ1】　⇒　自己実現の目標が客観視できます

の決めつけには使用しないでください。

　質問に応える場合は、次の２点を守ってください。

①　このシートは、自分自身の気づき得るためであり、正解を
　　考えたり、性格の良悪をチェックするためではありません。

①　各質問の「2、1、0」は点数ではなく、番号のつもりで直
　　感的に応えてください。

　　　「ほぼその通り」と思った場合は、⇒　　2
　　　「どちらともいえない」と思った場合は、⇒　　1
　　　「いいえ」と思った場合は、⇒　　0

　ただし、「どちらともいえない」と判定するのは、全項目の３
分の１以下にしてください。100問ありますので、少し大変で
すが頑張って応えてください。

1	最近の社会制度や教育制度はなっていないと思う	
2	社会規範や規則を尊重している	
3	悩んでいる人がいたら、いつも放っておけない	
4	義理人情に厚い	
5	割り勘の時は、端数まで等分する	
6	感情に走らないで、冷静に判断する	
7	周りの人によく迷惑をかける	
8	楽しく遊ぶことは大好きである	
9	人と接していると気をつかうので疲れる	
10	年長者や先輩は立てている	

11	すぐに他人を批判する傾向がある	
12	不正やいじめには、毅然とした態度をとる	
13	旅行に行ったら必ずお土産を買って近所に配る	
14	他人に対して思いやりを持って接している	
15	誰かが困っていたら、まず事実関係を詳しく聞く	
16	物事を判断するとき、客観的に考えて判断する	
17	後先を考えないで、すぐ行動に移す	
18	物事には積極的に取り組み行動的である	
19	人前では自分の考えはあまり言えない	
20	状況に応じて、相手に譲るところは譲る	
21	日本人なら伝統やしきたりは当然守るべきだ	
22	物事にはケジメをつけて行動している	
23	どんな時でも、子どもは自分が守ってあげる	
24	他人の相談には親身になって耳を傾けている	
25	感情をすぐ出す人は受け入れられない	
26	立てた計画に従って物事を進める	
27	公衆の場でも周りを気にせず、大声で話す	
28	嬉しい！　楽しい！　など感情表現が豊かである	
29	他人にはいつも気に入られたいし良く思われたい	
30	大人数の場所では協調的に振る舞う	
31	怠け者には何を言っても無駄だと思う	
32	リーダーシップが取れる	
33	時にはうるさがられる程の世話好きである	
34	相手の気持ちを理解するように努めている	
35	問題が起こりそうなときは、どんな時もかかわらない	
36	現実を十分吟味したうえで行動している	
37	人のことは気にせず、自分の思い通りに振る舞う	
38	明るくのびのびしている	
39	自分に自信がない	
40	周囲に配慮し振る舞うことができる	

41	他人が間違いをしたら厳しくとがめる	
42	物事は公正に判断するように心がけている	
43	世話をし過ぎ、子どもからうるさがられることが多い	
44	困っている人には、手を差しのべる	
45	表情が乏しい	
46	賛否両論を公平に聞いて結論を出す	
47	熱中したら、他のものが目に入らなくなる	
48	いろんなことに興味がある	
49	言いたいことがあってもなかなか言えない	
50	礼儀正しく振る舞う	
51	誰に対しても指示命令をしがちである	
52	規則正しい生活をしている	
53	頼まれなくてもなんでもしてあげる	
54	人をほめたり、はげましたりすることが多い	
55	事実のみ信じる	
56	理論や統計を用いて物事を判断する	
57	羽目をはずすことが多い	
58	集中力がある	
59	物事を決める時に一人では不安で決められない	
60	挨拶は自分からする	
61	自分と違ったやり方の人にはイライラする	
62	自分に与えられた責任は全うする	
63	どんな時でも誰にでもこまごまと面倒をみる	
64	人に寛大に接している	
65	笑ったり怒ったりすることは、ほとんどない	
66	常に事実を把握するように心がけている	
67	悪ふざけをして、よく叱られる	
68	芸術的才能がある	
69	責任のある役目は自分には無理と思う	
70	アドバイスを素直に受け入れる	

71	年長者には、礼儀正しく接するべきだ	
72	道徳感・倫理感に基づいて行動できる	
73	親だから子どもが何歳になっても世話を焼く	
74	奉仕活動をよくする	
75	**自分の損得を考えて接する**	
76	問題が起こった時に冷静に対処する	
77	思ったままを口に出して言ってしまい失敗する	
78	活き活きと生活している	
79	なんでもないことに取り越し苦労をしがちである	
80	行動や考えを相手に合わせることが出来る	
81	世の中には常識に欠ける人が多すぎる	
82	伝統やしきたりを尊重し守っている	
83	旅行に行く時は、誰かが忘れそうな物も考え持っていく	
84	乗り物で席を譲ることが多い	
85	**計画通りに進まないと不快だ**	
86	人の話をよく聞いてから、自分の意見を言う	
87	物事を途中で投げ出してしまいがちだ	
88	自分の気持ちを素直に表現できる	
89	周囲に波風を立てないようにいつも気を使う	
90	尊敬語や謙譲語を意識して使う	
91	家族の言動に腹が立つと大声でどなる	
92	毅然とした態度が取れている	
93	好きな品物を見つけたら、いつも友人【家族】の分も買う	
94	他人を勇気づけたり、励ましたりする	
95	**考えが行動に繋がらない。**	
96	計画を立てる時は、5W1Hを使う	
97	そそっかしく、失敗をよくする	
98	くよくよ考えず、気分転換が上手い	
99	何をするにも人目が気になる	
100	素直に謝ることができる	

【レシピ1】 ⇒ 自己実現の目標が客観視できます

⇨の方向に記入してください。次に2段目に進んでください。

⇨	1	2	3	4	5	6	7	8	9	10
1										
11										
21										
31										
41										
51										
61										
71										
81										
91										
合計	一面 CP	＋面 CP	一面 NP	＋面 NP	一面 A	＋面 A	一面 FC	＋面 FC	一面 AC	＋面 AC

誰でも5種類持っている心のエネルギー

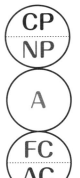

昔ながらのがんこ親父タイプ
（統制的な親）Controlling Parent

世話好きなおふくろさんタイプ
（保護的な親）Nurturing Parent

事実重視の裁判官タイプ
（理性的な成人）Adult

伸び伸び自由な子どもタイプ
（自由な子ども）Free Child

従順ないい子ちゃんタイプ
（順応的な子ども）Adapted Child

棒グラフは、マイナスとプラスで色を変えて記入してください。

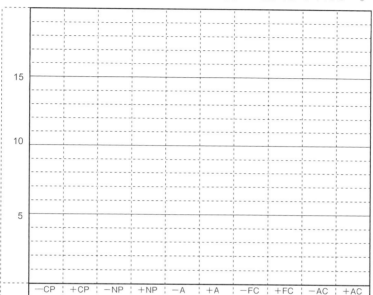

≪性格特徴≫

－CP：批判的、独断的、攻撃的、融通がきかない、命令的

＋CP：リーダーシップ、責任感が強い、厳格、意志強固、道徳

－NP：過保護、おせっかい、甘やかし、相手を依存させる

＋NP：親切、保護的、思いやり、寛大である、受容的、気配り

－A　：機械的、冷たい、理屈っぽい、頭でっかち、感情乏しい

＋A　：理性的、沈着冷静、事実重視、客観的、自己コントロール

－FC：調子に乗る、わがまま、自己中心的、自由奔放、無責任

＋FC：天真爛漫、活動的、積極的、明るく伸び伸び、創造的

－AC：依存心が強い、決断力に欠ける、消極的、感情を抑圧

＋AC：順応的、協調性、物事に慎重、気遣い、人の意見に従う

このチェックシートは、性格を5種類の**自我状態**の総和と考え、その各エネルギー量をグラフで示したものです。あなたの**自我状態**のバランスと質を見ることができます。他人を評価したり査定したりするために使用するものではありません。

　この5種類の**自我状態**をTPOに応じて適量使えるようになると、他者に振り回されることなくコミュニケーションの主導権を取ることができます。さて、あなたのグラフはどんな形になりましたか？　今すぐに、このグラフの各**自我状態**の意味を知りたい人は、次の【レシピ2】に詳しく載せています。

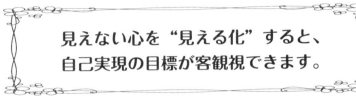

見えない心を"見える化"すると、
自己実現の目標が客観視できます。

≪ちょこっと心理学【エゴグラム】≫

　エゴグラムは、アメリカの精神科医エリック・バーン博士が創始した交流分析に基づいて、彼の直弟子のジョン・デュセイ博士が考案した。性格を、発達心理学に基づき分類した5種類の**自我状態**CP, NP, A, FC, ACの総和と考え、その各自我状態のエネルギー量を棒グラフで示す。目に見えない性格バランスを目に見える形に表わしたものである。

　どのようなバランスが良い悪いではなく、自分の性格の気づき、自己コントロールの目安になる。他者を評価するためではなく自己理解のために使用する。

　高いエネルギーは、その人の第1印象として取られがちである。自己改善のためには、低いエネルギーを意識的に使うことによって高めるとエネルギーバランスが変わり、人に与える印象が変わる。

【レシピ 2】
5 種類の自我状態を理解し自己分析しよう

　良い食材を手に入れても、煮ていいのか、炒めていいのか、フライにしていいのかなど、食材の特徴を十分に知っていなくては、美味しい料理はできません。

　性格も同じです。自分の性格を十分に理解していなくては、どのようにすればなりたい自分に変革できるのかわかりません。

　交流分析では、発達心理学の考えも取り入れて、人が持っている性格エネルギーを 5 種類の**自我状態**に分けて考えます。

　では、**自我状態**とは、
①　発達心理学に基づいて 5 種類に分類します。
②　人の性格は、**自我状態**のバランス、エネルギーの強さ、使い方によって違って見えます。
③　言葉や立居振舞に現れるので、他者から観察可能です。
④　社会生活においては、どの**自我状態**も必要で、良い悪いという区別はありません。
⑤　ＴＰＯ（Time、Place、Occasion）に応じて適量使うと、ポジティブな印象を与えます。
⑥　ＴＰＯを間違えたり、過剰にエネルギーを使うと、ネガティブな印象を与えます。
⑦　5 種類の**自我状態**を理解して使い分けることが自律的な生き方の出発点です。

たとえば、朝出会った時に「お早うございます」と言う時、自分から、やわらかい表情と声でニコニコして言う時と、相手が挨拶してくれた後に、笑顔もなくボソっと言う時では、全く印象は異なります。

　性格に振り回されず、コミュニケーションを楽に取れるようにするためには、5種類の**自我状態**を理解して使い分け、自分が自分自身の主導権を取ることです。

　また、いつもと違う**自我状態**を使うと、周りに映る自分の性格が違って見えます。すると、周りの人のあなたに対する関わり方も違ってきます。

　この5種類の**自我状態**を的確に使い分けることが自己コントロールに繋がり、これだけでコミュニケーションのプロになることが出来ます。コミュニケーション研修をしている人は、必ずと言ってよいほど交流分析をマスターしています。

　つまり、**自我状態**を良く理解して、意識的に使い分けることができるようになったら、性格に振り回されることなく人間関係の主導権を自分が取って、良い人間関係を築くことができます。

　そこで、もう少し詳しく、5種類の自我状態を説明しましょう。

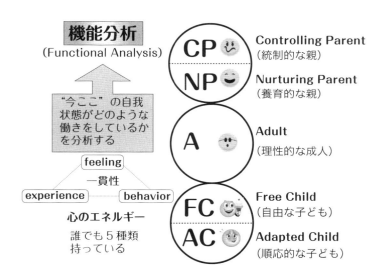

機能分析
(Functional Analysis)

"今ここ" の自我状態がどのような働きをしているかを分析する

feeling
一貫性
experience ー behavior
心のエネルギー
誰でも5種類
持っている

CP　Controlling Parent
（統制的な親）

NP　Nurturing Parent
（養育的な親）

A　Adult
（理性的な成人）

FC　Free Child
（自由な子ども）

AC　Adapted Child
（順応的な子ども）

CP (Controlling Parent) 統制的な性格特性

社会的な規範やルールを守り、世の中の秩序を維持していく特性

言葉づかい	話し方	表情・態度	受ける印象
「〜すべきである」	威圧的な声	威厳がある	自己肯定・
「〜はずである」	押し付けがましい	堂々とした	他者否定
「〜しなさい」	決め付ける	厳しい顔つき	批判的
「〜ねばならない」	語尾が厳しい	眉間に皺	権威的
「当然〜だ」	説教的な口調	腕組み	尊大
「自分は〜と思う」	大きな声	足組み	責任感
「〜とは、こういう	言い切る	笑顔が少ない	独断的
ものだ」	はっきり言う	目を見て話す	上から目線
		姿勢が良い	考えを押し付ける

　自我状態の一つ目は、Controlling Parent の頭文字をとって CP と表します。

　この CP は、今までの人生を送る中で、親を始めとして自分にとって影響力が強かった人たちの言動を取り入れたものです。特徴は、次の通りです。

　① 　親のように、自分のことより周りのことに関心があります。
　② 　自己肯定感が強く、何事に対しても自分の意見をはっきり

持っています。

③　伝統を守る、責任感がある、リーダーシップが取れる、自分の考えを表明できるなど個人の権利を守り信念を貫き、『いいえ』と言えます。

④　世の中の道徳秩序を教えたり、社会性を維持するために重要です。

⑤　立居振舞は堂々として、決め付けた話し方をします。

CP は、ビジネスの場では人の上に立ち、指導する場合に重要な役割を果たします。

しかし、過剰すぎると、問題になることがあります。

①　上から目線で、独断的に物事を進め、相手が自分で考えて行動する自主性を抑え込みます。

②　相手は脅威と感じ怯えてしまったり、うるさいと感じ反抗的な態度を取ることがあります。

③　規則、規律に厳しく、「ねばならぬ」と自分や周りの人たちを枠にはめます。

世の中の秩序を保つために大切！　でも、暴君になったら迷惑な、昔ながらの頑固親父のような**自我状態**です。

NP (Nurturing Parent) 養育的な性格特性

相手の気持ちを察し、保護的・養育的に関わる特性

言葉づかい	話し方	表情・態度	受ける印象
「よかったね。よかった」	優しい感じ	親身	自己肯定・他者肯定
「大丈夫？」	温かい感じ	世話をやく	理解的
「かわいそうに」	やわらかい感じ	面倒見が良い	養育的
「〜してあげるね」	おっとり	柔らかい表情	鷹揚
「私に任せて」	穏やか	相槌を打つ	温かい
「面倒見てあげる」		ゆったりな態度	頼り甲斐がある
「何かあったら言ってね」		話に耳を傾ける	穏やか
「手伝ってあげる」		笑顔	面倒見が良い

　自我状態の二つ目は、Nurturing Parent の頭文字をとって NP と表します。

　この NP は、CP と同じく今までの人生を送る中で、親を始めとして自分にとって影響力が強かった人たちの言動を取り入れたものです。特徴は、次の通りです。

①　親のように、自分のことより周りのことに関心があります。

②　自己肯定感が強く、何事に対しても自分の考えをはっきり
　　持っています。
③　相手への思いやりがあり、親身に相談に乗ったり、お世話
　　をしたり、理解を示すなど、相手を精神的に支えます。
④　話し方や立居振舞は、ソフトで穏やかな印象を与えます。

　NP は、人の和を保ち人望を集め易く、相手の精神的成長をサ
ポートするという重要な役割を果たします。

　しかし、過剰すぎると、問題になることがあります。

①　上から目線でお世話をするために、相手に過剰に依頼心を
　　起こさせ、自立の妨げになることがあります。
②　相手は、おせっかい、過保護、過干渉と感じ、迷惑に思う
　　こともあります。
③　周りの意見に耳を傾けすぎ、業務処理などがテキパキでき
　　ないため、無駄に時間がかかりすぎることがあります。

　温かい思いやりは大切！　でも、お節介すぎると迷惑な、昔な
がらのおふくろさんのような**自我状態**です。

A (Adult) 事実重視の裁判官タイプ

周囲の状況を観察し、事実に基づいた判断をする特性

言葉づかい	話し方	表情・態度	受ける印象
「いつ、どこ、何？」	丁寧な敬語	姿勢が良い	沈着冷静
「正確には〜」	抑揚のない声	真っ直ぐな	クール
「具体的には〜」	一定のスピード	メリハリある	能率的
「なぜ？」	機械的な話し方	表情が乏しい	現実的
「確率は……」	単調な低い声	目を見て話す	頭が良い
「〜によると……」	冷静	静かな感じ	面白くない
「はい、……」		すっきりした	冷たい
「つまり、〜ですね」			合理的
			客観的

　自我状態の三つ目は、Adult の頭文字をとって A と表します。

　A は、成長とともに自分自身で、学びの中から身につけてきたもので、事実に基づいて考え行動する性格です。特徴は、次の通りです。

① 　論理的で、事実に基づいて考え、沈着冷静に、「今ここ」で適切に判断することができます。
② 　感情的にならず、事実重視の判断をします。
③ 　客観的な見方ができるので、間違いがない人という印象を

　　　与えます。
④　立居振舞や話し方は、すっきりとしていて、落ち着いた単
　　　調な印象を与え、敬語で話すことがほとんどです。

　Aは、感情に振り回されず冷静で的確な判断が必要とされる時
に重要な役割を果たします。

　しかし、過剰すぎると、問題になることがあります。

①　相手の感情が大きく動いている時でも、感情を無視し、事
　　　実重視に考えるので、相手に「冷たい人」という印象を与
　　　えます。
②　融通がきかず、理詰めで話します。
③　事実関係のみで対処し、正誤、白黒をつけなくては気が済
　　　みません。

　理性的に対応することは大切！　でも、気持ちの理解は後回し
にする、事実重視の裁判官のような**自我状態**です。

FC (Free Child) やんちゃ坊主・おてんば娘タイプ

自分の気持ちを素直に伸び伸びと言葉や行動で表現できる特性

言葉づかい	話し方	表情・態度	受ける印象
「楽しい！」	イキイキしている	開放的	開放的、活発
「うれしい！」	抑揚が大きい	はしゃぐ	自由奔放
「ほんと！」	大きな声	活動的	発想力豊か
「すごい！」	言葉と感情の一致	自発的	エネルギッシュ
「格好いい！」	明るい声	表情が豊か	積極的、明るい
「キャー！」	うきうきした感じ	喜怒哀楽明確	活き活き
「やっちゃった」		落ち着きがない	元気いっぱい
		ジェスチャー	天真爛漫
		伸び伸び	

　　自我状態の四つ目は、Free Child の頭文字をとって FC と表します。

　　この FC は、幼い頃の性格を今も持ち続けているおてんば娘・やんちゃ坊主のような性格です。特徴は、次の通りです。

　①　自由で伸び伸びと率直なありのままの感情表現ができます。
　②　直感が働き創造的で、発想力が豊かです。
　③　素直で天真爛漫なところがあるので、明るいムード作りが

　　得意です。

④　立居振舞は行動的で、元気いっぱい、表現力も豊かです。

FC は、その場の明るいムード作りに重要な役割を果たします。

しかし、過剰すぎると、問題になることがあります。

①　幼い子どものように、相手の迷惑も考えないので、自分勝手に振る舞います。

②　調子に乗りすぎて羽目をはずすことがあります。

③　行動的過ぎて落ち着きがないように見えます。

④　組織での上下関係のマナーを疎かにします。

　子ども心を持ち続けることは大切！　でも、社会性がないと迷惑な、幼い頃の無邪気さのような**自我状態**です。

AC (Adapted Child) 自己主張しない良い子ちゃん

自分の感情や考えを押さえて、周囲に合わせる特性

言葉づかい	話し方	表情・態度	受ける印象
「〜さえよければ」	弱々しい話し方	上目遣い	自己否定
「してもいいですか」	相手に伺いを立てる	目をそらす	依存的
「ごめんなさい」	語尾を濁す	愛想笑い	従順、素直
「どうせ私は……」	語尾ぼそぼそ	顔色を窺う	控えめ
「お任せします」	オドオド	忠実に従う	消極的
「申し訳ありません」	モジモジ	おどおど	弱々しい
「私には無理です」	声が小さい	そわそわ	意志が弱い
「〜ですか（疑問形）」	依頼形を多用	のろのろ歩く	有言不実行
		下向き加減	意志薄弱

　自我状態の五つ目は、Adapted Child の頭文字をとって AC と表します。

　この AC は、幼い頃、親のしつけが厳しいなどの押さえつけの強い環境下に育ったために、周りの顔色を見て言動する性格です。特徴は、次の通りです。

① 　自分の気持ちを抑えて、周りとうまく関係を保っていくために必要な特性です。

②　自分の上の立場の人に従順に従います。

③　何事においても我慢強く、控えめです。

④　複数人で行動を共にする社会性が必要な時に役立つ重要な特性です。

　AC は、複数人が協力し合って仕事を進める場では、周りとうまく関係を保っていくために重要な役割を果たします。

　しかし、過剰すぎると、問題になることがあります。

①　自分の感情を抑え過ぎ、無意識のうちにストレスが溜まって、ひどい場合は、心身症になります。

②　周りから、気が弱い人、はっきり物を言わない人と軽視されます。

③　自己肯定感が低く、何事に対しても消極的です。

　素直さは大切！　でも、自分を抑えすぎるとストレスが溜まる、良い子ちゃんのような自我状態です。

早速、自分の性格を客観的に見てみましょう。【レシピ1】で行なった自己理解チェックシートを見てください。

　あなたは、どの**自我状態**が強いですか？　弱いですか？　また、バランスはどうですか？　どれが良い悪いではなく、あなたがどのようになりたいかです。

　どの**自我状態**のエネルギーがもっと強いほうが良いとか、強すぎるから改善したいと思ったら、弱い**自我状態**は意識的に使い、強すぎると思った特性は上手に表現する方法を見つけましょう。（深く学びたいと思った人は巻末をご参照下さい）

　焦らず、この本を読み終わってから、どのように自己変革したいかゆっくり考えてください。

5種類の自我状態を理解し自己分析しよう。
自己実現のスタートラインが自己理解です。

≪ちょこっと心理学【機能分析】≫

　"今、ここ"での**自我状態**（ego-state）は、観察可能な言動になって表れる。CP（統制的な親）、NP（養育的な親）、A（理性的な成人）、FC（自由な子ども）、AC（順応的な子ども）の5種類の機能に分類する。これらがどのような働きかを見るのが機能分析であり、グラフに表したものがエゴグラムである。

　5種類の**自我状態**は分離して存在するのではなく、絶えず精神エネルギーが間を流動していると考える。

　自我状態の特徴を学ぶことにより、TPOに応じて自律的に関わり方を使い分けることができる。

コラム

5種類の**自我状態**をよく理解して頂くために、『心の中に住む五人の妖精の物語』を作りました。童心に戻って、お楽しみください。そして、心の中の五人の妖精と親しくなってください。

『心の中に住む五人の妖精の物語』

　自然物の精霊である妖精が私たちの心の中に五人住んでいます。この五人はとっても個性豊かな妖精で、普段は自分に与えられた役目を果たしていますが、時々わがままになって周りに迷惑をかけたり、怠けて勝手にお休みを取ることがあります。では、五人の妖精を紹介しましょう。
　（妖精の名前は、最初の語にアクセントを置いて読んでください）

妖精シイピ 【CP〈Controlling Parent〉】

ヘルメットをかぶった妖精「シイピ」
ヘルメットのようにちょっと頭が固く頑固な存在

　"ヘルメットをかぶった妖精"の名前は、シイピと言います。ヘルメットのようにちょっと頭が固く頑固なところがあります。自分の信念を持っているので堂々と自分の意見を言うことができ、自分がいやなことは、NO ということができます。伝統や道徳を守って責任感が強いので、頼もしいリーダー的な存在です。いつも体をそっくり返してドシドシと歩き、人に対して指示をしたり教えたりします。いつも自分のことよ

り周りのことに関心があり、注意をしたり、小言をいうので少し煙たい存在です。

妖精エヌピ　【NP〈Nurturing Parent〉】

ニット帽をかぶった妖精「エヌピ」
毛糸で編んだニット帽のようにとっても温かい存在

"ニット帽をかぶった妖精"の名前は**エヌピ**と言います。毛糸で編んだニット帽のようにとっても温かい存在です。いつもニコニコしていて優しく世話をしてくれる気配り豊かな妖精です。困った時や疲れている時などは、ちょっと甘えてみたくなります。しかし、やさしすぎるので、皆が頼り過ぎたり、世話を焼きすぎるので、うるさがられるところもあります。

妖精エイ　【A〈Adult〉】

シルクハットをかぶった妖精「エイ」
タキシード姿によく似合うシルクハットのように四角四面な存在

"シルクハットをかぶった妖精"の名前は**エイ**と言います。タキシード姿によく似合うシルクハットのようにとっても四角四面な存在です。背筋を伸ばしてすっきりとした理性的な紳士で、どのような時でもよく考えて行動するので、他の妖精たちのコンサルタント役です。しかし、コンピューターのように機械的でユーモアに欠け、一緒にいてつまらなく感じる時があります。

妖精エフシ　【FC〈Free Child〉】

キャラクター帽をかぶった妖精「エフシ」
とっても楽しい元気ハツラツな存在

キャラクター帽をかぶった妖精"の名前は、**エフシ**と言い

ます。ミッキーマウス、キティちゃん、ドラえもんのキャラクターのように、とっても楽しい元気ハツラツな存在です。今飛び跳ねているかと思ったら、今度は大きな声で泣いている。しばらくすると、ケラケラ笑っている。そんな感情豊かな妖精です。幼い子どものように素直な自己表現をするので、あまり憎めない存在です。しかし、あまりにも自由奔放で、時々ハメを外し、周りに迷惑をかけることもあります。

妖精エイシ 【ＡＣ〈Adapted Child〉】

"手術帽子をかぶった妖精"の名前は、エイシと言います。相手に害を与えないように自分の髪をすっぽり隠す手術帽のような存在です。周りに迷惑をかけないでとうまく関係を保っていくために、相手に合わせて自分を抑えます。目立たない存在ですが、その場の状態を良好に保つために非常に重要な役目を担っています。時々あまりにも自分を抑えすぎて、引きこもったり、爆発するときもあります。

　五人の妖精は、普段はとても仲がいいのですが、時々自分が一番になりたいと争い、主人であるあなたを困らせます。
　たとえば……

【状況１】

　ある日、家族そろってお買い物に出かけた時のことです。5歳の息子か「この電車のおもちゃを買って！」と駄々をこね始めました。

　それを見て、ママの心の中の妖精たちが喧嘩を始めます。

　・シイピは、「我慢しなさい。お兄ちゃんでしょ」と叱る。
　・エヌピは、「こんなに欲しがっているんだから買ってあげようよ」
　・エイは、「値段は500円だね」
　・エフシは、「かわいい！　格好良い！」と自分もウキウキする。
　・エイシは、オロオロと周りに迷惑をかけていないかと見渡す。
　結局その場は・エヌピが勝ち、500円のおもちゃを買ってあげました。

【状況２】

　ある日の会社での出来事です。あなたは上司に叱られて自分の席に戻って来ました。あなたの心の中で

　・シイピが、「上司として最低だ」と怒っています。
　・エヌピは、「頑張っているのに辛いよね」と慰めます。
　・エイは、「仕事の間違いをしたのだからしかたない」と冷静です。
　・エフシは、「こんな会社辞めちゃおう」とふてくされます。
　・エイシは、「自分はなんてだめな人間だろう」と暗く落ち込みます。

このように、一つの状況においても、五人の妖精たちの反応は全く違います。

　もしあなただったら、このような状況において、どのように感じたり行動したりしますか？

　この五人の妖精を頭で覚えるだけでなく体得すると、人との関わり方が驚くほど楽になります。「何か不快」「どう付き合ったら良いの」「人間付き合いが苦手」「喧嘩ばかりしてしまう」「人前で話せない」などと戸惑うことの多いコミュニケーションが、驚くほど簡単にできるようになります。

　この五人の個性豊かな妖精たちが住んでいる所は、あなたの心の中です。その人によって、心の中に住んでいるこの妖精たちの力関係は違います。この五人の妖精たちの特徴をよく知って、相手に応じて、また、状況に応じて、適切に役割を与えることができたら、あなたは素晴らしい“あなた自身の親分”になれます。

【レシピ3】
ありのままの自分に気づき、受け入れよう

　料理を作る時、食材の持ち味を活かして調理すると、最高の料理が出来上がります。これと同じく、コミュニケーションを取る時に、自分の持ち味を生かした関わり方をすると、あなたが最高に活かせます。

　自分の持ち味を生かすとは、ありのままの自分を認め受け入れ、自己肯定感を持つことで、情緒の安定のためには必要不可欠です。自己肯定感が不足すると周りに振り回されて、ついには鬱病や依存症などの精神的障害に至ることもあります。

　自己肯定感は、自分自身で自分を信頼し認める気持ちであり、他者との関係性は意味に含まれません。

　しかし、世間では、自分に自信がない人ほど、他者に「自分を認めてほしい！」と要求します。自分が自分自身のことを認めないで、他者に認めてほしいということは無理な話です。

　また、いろんな場面で、「あの人は〜だけど、自分は〜」と自分を比較の世界におくことがあります。すると、心の中で、不安感、優越感、劣等感、挫折感など人と比較した感情が渦巻き、負のスパイラルに入り込みます。

　では、自己肯定感を高めるにはどうすればいいでしょうか？

まず、自分の持ち玉（性格・特技・資格）を自覚することから始めましょう。

　ところが、「何か得意なことは？」と聞くと、多くの人は、「資格と言っても大したものではない」「得意なことは特別ない」などと自己卑下して言います。

　尋ね方を変えて、「何かすることで好きなことはありますか？」と聞くと、結構いろいろ出てきます。好きなことは言われなくてもするし夢中になることもあります。何よりも、好きなことをしている時は心が活き活きしています。なぜなら、今までの人生で良い印象に繋がった経験があるから、好きになったのです。

　また、活き活きと活動している時は、周りから見てもとっても魅力的です。"好きなこと＝活き活き活動していたこと＝特技"と言っても良いでしょう。

　そこで、「〜ができます」「〜が得意です」「〜が好きです」「〜の資格があります」などと肯定的なことを書き出してみましょう。「こんなことは出来て当たり前」と思わないでください。自分が簡単なことと思っていることでも、できない人もいます。

　心の中に「出来ないこと」を貯めるよりも「できる」ことを貯めると、あなたの心は豊かに成長します。ストレスを感じた時には、今回書き出した内容を繰り返し声に出して読んで、関係のあることを実際にやってみましょう。

1	私は
2	私は
3	私は
4	私は
5	私は
6	私は
7	私は
8	私は
9	私は
10	私は
11	私は
12	私は
13	私は
14	私は
15	私は
16	私は
17	私は
18	私は
19	私は
20	私は

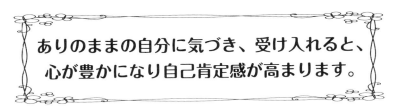

ありのままの自分に気づき、受け入れると、
心が豊かになり自己肯定感が高まります。

≪ちょこっと心理学【自己肯定感】≫

　自己肯定感とは、自分の存在を積極的に評価できる感情であり、自らの価値や存在意義を肯定できる感情である。

　自己肯定感の意味を理解するには、類似語との違いを反対語を考えながら比較すると良い。
　　◇ 自己肯定感：自分を積極的に評価できる　⇔　自己否定感
　　◇ 自己効力感：できる感を持つこと　⇔　自己無力感
　　◇ 自尊心・自尊感情：負けたくない感。自分の思想や
　　　言動などに自信をもち、他からの干渉を排除する態度。
　　　　　　　　　　　　　　　　　　　⇔　自己卑下
　　◇ 自信　⇔　危惧・劣等感
　　◇ 自己愛　⇔　博愛（自己愛はマイナスイメージのみ）
　　◇ 優越感　⇔　劣等感

　このように比較すると、**自己肯定感**は、他者との比較や評価と関係なく、自分自身の捉え方だけの問題である。

　近年、若者たちの自己肯定感が低いことが問題になっている。日本人について考えると、農耕民族ゆえ基本的には根底にみんなで力を合わせる国民性を持っている。しかし、今の若い人たちを取り巻く環境は、競争、勝ち負けを争う外国の狩猟民族的生き方である。そのため、そのギャップに翻弄されて、自己肯定感を持てない人が増えていると言える。

【レシピ 4】
説得された人生ではなく納得できる人生を歩もう

　お料理で「これは栄養があるから食べなさい」と説得されても、嫌いなものは嫌い。自分が納得のいく物を食べたいですね。人生も同じです。自分が納得のいく生き方をしましょう。

　私たち人間は、乳幼児期に、養育者との関わりを通して生き方の基盤を形成します。人間はこの乳幼児期に身につけた生き方に大人になった今も無意識に従っていることが多く、バーンは、**人生脚本**と名づけました。

　そして、この**人生脚本**を、Winner（勝利者）、Non-Winner（非勝利者）、Loser（敗北者）の三つに分けています。これらの訳語は、一般の日本語の意味と違っています。混乱を避けるために、ここでは英語のまま使用します。

　Winner とは、「自分が設定した自分自身の人生目標に向かって、満足感を味わいながら幸せに達成できる人で、その結果として、世の中をより良い場所にすることに貢献する人」です。

　単に物理的な物やお金が豊かだったり、高い地位を得た人のことを言っているのではありません。自分さえ良ければ良いという自分勝手な歩み方ではありません。

　Winner と Non-Winner の違いは、明確な目標を持っているか、

いないかです。Non-Winner は、Winner の人生をどこかで望みながら、それを達成することができない人であり、大きな失敗はしないが、平凡な人生を送り、皆と同じで居ることで満足する無難な人生と言えます。

Loser とは Winner と反対の他律的な生き方をしている人で、どこか不満、ストレスを感じています。裕福であっても高い地位に就いていても「本当は別な生き方をしたかった」などと、満足感を味わっていない人は Loser です。

さて、人生すべてにおいて、完全な Winner や Loser という人は、ほとんどいません。大部分の人は、例えば、仕事に関しては Winner、夫婦関係においては Loser、健康面においては Non-Winner などと、事柄に応じて違います。

もう少し Winner について具体的にお話しましょう。Winner とは、自分には自己効力感、他人には信頼感を持ち、その人個人としても社会の一員としても、自律的で自己責任能力あり、信頼できる存在です。

いつも活き活きと積極的、建設的にコミュニケーションを取り、自己実現に向かって、努力し続ける人です。

自分に素直な生き生きと楽しい人生を歩んで、周りの人たちと温かい親密な分かり合える関係を築いている人です。

しかし、一つの分野にエネルギーを集中させれば、他のところが少し疎かになります。そのため、どんなことにも Winner にな

ることは、非常に難しいことかもしれません。

　そこで、自分が価値観を置いている数分野に関しては、Winner になりましょう。その分野においては、信念を持って取り組み、納得のいくまでやってみましょう。もし、達成できなくとも、そこまで歩んできた経験が自信になり、満足感を味わうことができます。自分の生き方に納得し否定しないことも Winner です。

　この本を読み始めた理由は人それぞれだと思いますが、全員に共通していることは「さらに一人の人間として成長したいと自分で考えた」からだと思います。このことが、説得された人生ではなく、納得できる自分自身の人生をしっかりと自分で考え、自律的に生きる人生の Winner（勝利者）への道を一歩踏みだしたことに通じます。

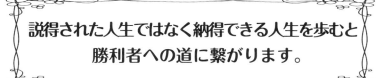

説得された人生ではなく納得できる人生を歩むと勝利者への道に繋がります。

自律的に生きている人
Winner（勝利者）

自律的に生きたが
目標に届かなかった人
**Non-Winner
（非勝利者）**

他律的に生きている人
Loser（敗北者）

≪ちょこっと心理学【Winner（勝利者）】≫

　交流分析では、自分の目標を明確に持ち、自分が自分のために設定した自分自身のゴールに向かって、快感を味わいながら歩み、達成できた人を Winner と言う。

　⇒　満足感、快適感を伴って目標を達成した人である。
　⇒　自己責任能力があり自己肯定感を持っている。
　⇒　他人には信頼感を持ち、交流は積極的・建設的である。
　⇒　活き活きと生活し、自己実現に向かって最大限の努力をする。
　⇒　単に物理的な高い地位、裕福、能力を得ることとは違う。

　交流分析の創始者エリック・バーンは、「病気にならず、人に迷惑をかけず、だれよりも少ないお金で路上生活をするという決意をもってそれを履行した人も Winner である」と、極端な例を挙げて、一般に言われる勝利者との違いを説明している。

　人生全体において Winner という捉え方もするが、一般的には、仕事においては Non-Winner、家庭生活においては Winner などと分けて判断する。

　Winner の生き方とは反対に、惨めさや自分を制約し、他律的に生きる人を Loser と言う。自分に自信なく、他人に不信感を持ち、過ぎ去ったことを後悔し、将来に対して不安と疑問を持ち、人との比較の世界に生きる人のことである。

【レシピ5】
なりたい自分に心をリノベーションしよう

　美味しい料理を作る前に、料理の下ごしらえをしっかりします。これと同様に、まず、人との関わり方を学ぶ前に、しっかり納得のいく自分にリノベーションしましょう。

　あなたの性格を、誰かから「あなたは〜だね」と指摘されて、動揺したり、戸惑ったりしたことはありませんか。

　例えば、「気がきついね」とか「無邪気だね」と言われ、「ええっ！そんなことない！」とむきになって反対したり落ち込んだりしたことはないでしょうか。

　また、自分が映っているビデオを見て、「何か変！　いつもの私と違う」と思ったことありませんか。でも、違うはずはないですね。映っている人は、紛れもなくあなた自身ですから。

　人は誰でも、自分のことは大体わかっていると思っています。自分が思っている自分と、周りに映っている自分が一致していると問題はありませんが、実際は、不一致の部分が結構たくさんあります。「つもりの自分」と「周りに映る自分」を混同していては、あなたが思い通りのコミュニケーションはできません。

「自分のことは自分が一番わからない」と言われます。そこで、自分の性格に、今一度焦点を当てて考えてみましょう。たとえば、

【レシピ5】　⇒　居心地の良い空間ができます

自分は子どもを褒めているつもりでも、子どもからすると高圧的な態度を取っているかもしれません。また、自分は人前で意見も言えない大人しい性格と思っていても、周りからすると、頑固で人付き合いが悪い人と思われているかもしれません。

どれが本当？「存在のみが事実である」

人生脚本

つもりの自分 自画像／周囲に映る自分 他画像

例）親から、思ったことは素直に言葉に出すように言われてきた

言葉少ない彼女はぶりっ子だ

つもりの自分 自画像／周囲に映る自分 他画像

私って？

人生脚本

例）女性はおとなしく控えめでいろ！と言われて育った

私は何も言えず気が弱い人間

つもりの自分 自画像／周囲に映る自分 他画像

人生脚本

例）自分の親は無表情で厳しかった

無表情な彼女は気がきつい

　今まで、あなたは、自分の性格を「気が弱い」「几帳面」などと数言で決めつけていなかったでしょうか？　しかし、誰でもいろんな性格の側面を持っていることは、【レシピ2】を読むとわかることです。

　私たちの性格は一言で語れるものではなく、自分では気づいていない部分も含めていろんなエネルギーが詰まっている可能性の宝庫なのです。

　そこで、なりたい自分に心のリノベーションをするために、どのような自分になりたいか客観的に書き出してみましょう。仕事でも性格でもどのようなことでもかまいません。

（例）　楽しい人と言われるようになりたい。

（例）　人前で上手に話せるようになりたい。

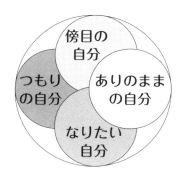

　書き出し終わったら、繰り返し読み返してください。

　性格のどのあたりを強化していきたいですか。これがわかれば、強化するために必要な話し方、態度、表情などを意識的に行ってみましょう。行動を変えることによって、次第にあなたの**自我状態**のバランスが変化してきます。行動を意識しなくなった時には、あなたはなりたい自分に変化しています。

　このように、交流分析では、性格を5種類の**自我状態**の総和と捉え、エネルギーバランスを変えることによって自己変革を図ります。居心地の良い住居にする為に家をリノベーションするように、居心地の良い自分になる為に、心をリノベーションしましょう。

その為には、家のリノベーションと同様に、後で悔やまないように、どのような自分にリノベーションしたいかを、まず始めにじっくり考えてから取り組むことが大切です。

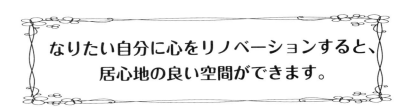

なりたい自分に心をリノベーションすると、居心地の良い空間ができます。

≪ちょこっと心理学【自我状態】≫

　交流分析では、性格を発達心理学の考えを取り入れて分けた5種類の**自我状態**の総合と捉える。感じたり、考えたり、行動する時のもとになっている心の状態のことを言い、言動になって外部から観察される。精神分析では『自我』という表現を使うが、交流分析では、『自我』を変化する状態として扱うので**自我状態**と言う。
　　CP・・・Controlling Parent（統制的な親）
　　NP・・・Nurturing Parent　（養育的な親）
　　A　・・・Adult　（理性的な成人）
　　FC・・・Free Child　（自由な子ども）
　　AC・・・Adapted Child（順応的な子ども）
　この5種類をTPOに応じて使い分けることによって、性格に振り回されず、自分の性格を自己コントロールできるようになることを目指す。

第2章

なりたい自分になる

あなたの人生は、あなた自身のものです。自分がどのような生き方をしたいか、どのように自己成長したいか、人と比較するのではなく、自分がどのように自己成長したいか、自分自身で自分の行動計画を立てましょう。

例えば、いくら良い食材を手に入れても、食材に合わない料理を作っては美味しい料理はできません。良く吟味して手に入れた食材を活かす料理を作ることが大切です。

これと同様に、いくら良い性格や資質を持っていても、TPOに合わない行動を取っていては、ストレスが溜まるばかりです。自分素材を最高に活かす生き方を見つけることが大切です。

第2章では、食材を最高に活かす料理を作るように、自分の性格や資質を最高に活かす生き方を見つけます。

【レシピ6】
お金より"ふわふわさん®"の貯金額を UP しよう

　あなたは、「何のために、仕事をしたり、勉強したり、運動をしますか？」と聞かれたらどのように答えますか。お金を稼ぐため、家族を養うため、自己実現のためなどと、いろんな返答が戻って来ることでしょう。

　ところが、これらを突き詰めていくと、人は誰でも、「自分がここに存在している価値がある」という存在価値を確認する為に生きていると言っても過言ではありません。

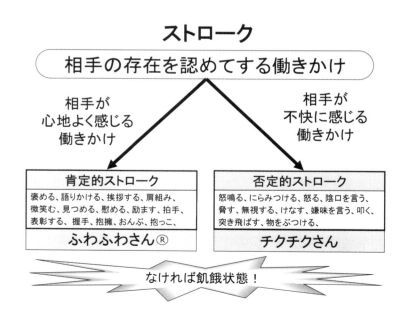

ストローク

相手の存在を認めてする働きかけ

相手が
心地よく感じる
働きかけ

相手が
不快に感じる
働きかけ

肯定的ストローク	否定的ストローク
褒める、語りかける、挨拶する、肩組み、微笑む、見つめる、慰める、励ます、拍手、表彰する、握手、抱擁、おんぶ、抱っこ、	怒鳴る、にらみつける、怒る、陰口を言う、脅す、無視する、けなす、嫌味を言う、叩く、突き飛ばす、物をぶつける、
ふわふわさん®	チクチクさん

なければ飢餓状態！

　つまり、人は誰でも、無意識に、自分は価値ある存在だと認めてほしい欲求を持っているのです。これを交流分析では、「人は**ストローク**を得るために生きている」と言います。

　「おはよう」「こんにちは」などと明るい挨拶や笑顔で接したり、ちょっとした思いやりの声がけをしたり、プレゼントしたり、決して、特別なことをしなくても良いのです。

　すると、受けた人は満足感を味わい、生きるエネルギーがアップします。そして、「私にもできる」という自己肯定感と「大丈夫！」という安心感が高まり、心が栄養豊かに育ちます。

　筆者は、肯定的**ストローク**の意味を少し広げ、受けた相手が心地良く感じるニコッとできるすべての働きかけを親しみやすく**ふわふわさん**と擬人的に名づけました。心を温かくする快適交流の万能薬です。

> 　**ふわふわさん**とは、2000年に大人向けの心理童話「ふわふわさんとチクチクさん」を出版した時に、扶桑社の担当者と多くの言葉の中から選んだもので、大切に育てたいとの思いから商標権も取っています。実践ツールとして、
> ⇒　ストローク手帳「ふわふわさん貯金箱」
> ⇒　行動の後押しをする「ふわふわさんバッジ」
> ⇒　日々関わり方を振り返るLINEスタンプ「TAふわふわさん」
> ⇒　Youtube「ふわふわさんとチクチクさん」
> を作成。詳細は筆者のHPをご覧下さい。

　当然のことながら、**ふわふわさん**はいくら使ってもなくならないし、自分が**ふわふわさん**を与えれば与えるほど、相手も好感を抱き**ふわふわさん**を返してくれるので、お互いにどんどん増殖します。

しかし、日々の生活の中で、少し疲れていて**ふわふわさん**が不足していると感じたら、次のことを試して**ふわふわさん**貯金高をアップしましょう。

　①欲しいと思う"ふわふわさん"があったら、上手に相手に伝える。

　手伝って欲しいなあ、認めて欲しいなあなどと思っているのに、我慢していることはありませんか。我慢していると、相手に対して不快な感情が芽生えるかもしれません。また、相手は気づいていないだけかもしれません。

　上手に、素直な気持ちを伝えてみましょう。そして、欲しい**ふわふわさん**が貰えたら、言葉と体中でその嬉しさを相手に伝え返しましょう。

　②他者に頼らず、自分で"ふわふわさん"を増やす。

　一つの方法として、鏡を見る度に自分自身に対して、いろんな角度から、できるだけ多くのプラスの言葉がけをしてみましょう。自己洗脳です。私たちの脳は、いろんな経験の積み重ねで記憶を構成していきます。

　「素敵だよ」「頑張っているね」「大好き」「活き活きしているよ」「強いね」「優しいね」……私たちの心のバスケットをプラスで満たし貯金高がUPすると、心に余裕が生まれます。

　すると、当然のことながら、周りと比較しなくても、自分の存

ふわふわさんの輪の広がり

在に確信が持て自己肯定感がアップし、他者との関わり方も自然
と温かいものになります。

　漫画家の手塚治虫氏が、「人を信じよ。しかし、その100倍も
自分を信じよ」と言っています。誰よりもまず、自分自身を好き
になることです。

　さらに効果を上げる方法は、夜寝る前に自分で、自分がニコッ
とできる出来事を書きとめることです。実際にやり取りした1
回の**ふわふわさん**が、思い出した時、書きとめている時、再度見
返した時と4倍の威力を発揮します。

　譬えていうと、山間の湖は、たえず清流が流れ込むので澄んで
綺麗なことと同じです。大雨が降ったらかき回されて濁りますが、

暫くするとまた、流れ込む清流で澄んできます。流れ込む清流＝
ふわふわさん＝肯定的**ストローク**です。

　同様に、**ふわふわさん**が絶えず心の中に流れ込む状態を作ることによって、心が澄んできます。そして、生きている安心感と自己肯定感が高まります。

　また、外面を変えることによって、自己肯定感を高めることも出来ます。自分自身の表情、立居振舞、話し方を変えるのです。心と体は連動しています。

　① ニコニコしましょう。→心に余裕が生まれます。
　② 背筋が伸ばしましょう。→心に自信が生まれます。
　③ テキパキ動きましょう。→心に確信が生まれます。
　④ 考えを言葉に出しましょう。→心に推進力が生まれます。

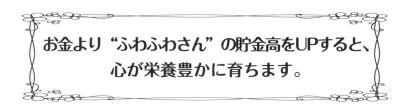

お金より "ふわふわさん" の貯金高をUPすると、
心が栄養豊かに育ちます。

≪ちょこっと心理学【ストローク】≫

　コミュニケーションの基礎理論とも言われる交流分析では、対人関係の基本となる「貴方がそこにいることを認めているよ」という相手に対するいろんな働きかけを総称して**ストローク**と言う。

　例えば、人の話に耳を傾けたり、話し掛けたりする会話、握手やハイタッチなどの身体的な触れ合い、微笑みかけたり、手をふったりする心理的な行動、プレゼントをしたり、表彰するなどの物理的な働きかけなどすべて、相手の存在を認めてする全ての働きかけが**ストローク**である。

　ストロークは人間関係の改善に非常に有効な理論である。人が健康に生きるためには、肉体には食物が必要であるように、精神的には**ストローク**が必要不可欠である。

　ストロークは欠乏すると、食物と同様に飢餓状態になり死に至る事例が残っている。「私たちは**ストローク**を得るために生きている」といって過言ではない。

ストロークの分け方には、意味がある

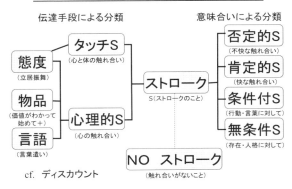

【レシピ7】
"ふわふわさん ®" を大盤振舞しよう

　気持ちの良い挨拶や優しい声掛けをされると嬉しいですね。ほかに、あなたがニコッとできることはどんなことですか。

　決して、高価な物をもらったり、絶賛されたなどという大きな出来事だけではないはずです。ちょっとした温かい眼差しや思いやりの言葉だけでもニコッとします。周りの人達と、人を褒めたり、微笑みかけたり、励ましたり、親身になって話に耳を傾けたり、ちょっとしたやさしい温かい言葉や態度で触れ合うことにより、お互いの間に温かい空気が流れます。

　だから、「いいなあ」と気づいた時は、どんどん言葉に出して相手に投げかけてみましょう。**ふわふわさん**を受けた相手は、あなたに対する好感度をさらに高めるでしょう。

　すると不思議。相手に要求しなくても、自分にも**ふわふわさん**が戻ってきて温かさの輪が広がります。コミュニケーションは刺激と反応の連続だからです。

　一人ひとりが、**ふわふわさん**を今までより少し多く与えるだけで世の中は驚くほど明るくなると確信しています。**ふわふわさん**はお金と違って、いくら使ってもなくならない『良い人間関係構築のための万能薬』です。

　職場においても、**ふわふわさん**を与え合うことによって、さらに居心地の良い居場所になってきます。

　ところが、時々、私たちは、**ふわふわさん**を与えることを躊躇する時があります。例えば、子どもがお手伝いをしてくれて嬉しいのに「有難う」を言わない、大好物のおかずが出て美味しいのに、「美味しい」と言わない、どうしてでしょうか。

　理由を聞いてみると、"言わなくても相手はわかっているから""褒め過ぎると増長するから"などという言葉が返ってきます。

　しかし、立場を入れ替えて、自分が受け手になった時のことを考えてください。「有難う」「美味しいなあ」「素敵ね」などと言われたら、どんなに嬉しいでしょう。

　ふわふわさんを出し惜しみする理由は何もないのです。相手に与える**ふわふわさん**があり、伝えたいと思った時は、伸び伸び伝えましょう。すると、あなたの周りに、ますます**ふわふわさん**の輪が広がります。

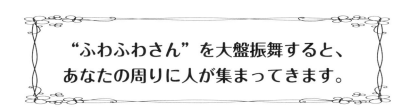

"ふわふわさん"を大盤振舞すると、
あなたの周りに人が集まってきます。

≪ちょこっと心理学【ストロークエコノミー】≫

　バーンの直弟子であるクロード・スタイナーの論文 "Stroke Economy" である。その中で次のように書いている。

『親が子を蛙に変えるために使う方法は、**ストローク**をコントロールすることである。**ストローク**の供給が少なく、無制限に手に入れられない状況は、親が子どもに出す値段が高くなるということである。（略）気づき・自発性・親密さを取り戻すには、両親の教えや身につけた歪んだ**ストローク**交換の基礎訓練を拒否することが必要である。（略）**ストローク**交換に関して、人生早期の基礎訓練に服従した人々は、また、多くの**ストローク**飢餓の人を作り出している。彼らは、寝ている時間以外のほとんどの時間を**ストローク**を手に入れる為に費やすが、**ストローク**を独占することによって**ストローク**の供給をコントロールする人によって簡単に操作されている。』

　親は、**ふわふわさん**は不足しがちなものだと子どもたちに教え、子どもたちは本能的に、自分が生きるためには親からの**ストローク**は重要不可欠であると感じている。そこで、親からの**ふわふわさん**を得るために五つの制限的な法則に従い、親が欲求するように振る舞うのである。その五つの法則とは、下記の通り。

　①与える**ストローク**を持っていても与えるな。
　②**ストローク**が必要な時に求めるな。
　③その**ストローク**が欲しければ受け取るな。
　④欲しくない**ストローク**でも、拒むな。

⑤自分自身に**ストローク**を与えるな。

　スタイナーは、この乳幼児期に身につけた制限的な法則を打破することが、自由で伸び伸びした自律的な生き方に繋がると言っている。

　大人向け心理童話「The warm fuzzy tale」は、**ストロークエコノミー**に関して、心理を学んでいない人にもわかりやすく物語風にした童話です。わかりやすい解説をつけ出版しています。参考にしてください。

【レシピ 8】
心に突き刺さる "チクチクさん" を DOWN しよう

　チクチクさんとは、受け手が不愉快に感じ否定的に受け取る働きかけで、怒る、怒鳴る、叩く、睨む、無視する、蹴飛ばすなど、人の心や体を傷つける言葉や行為すべてを指します。

　チクチクさんのやり取りは不快になるだけなので、しないほうがいいとわかっているのに、無意識にやり取りしていることが多々あります。なぜでしょう。そこで、**チクチクさん**のやり取りを軽減できる方法を考えましょう。

　まず始めに、**チクチクさん**を受け取る側に立った時のことを考えましょう。

　あなたは、ちょっとした言葉で不快な気分を味わい傷ついたことはありませんか？　もしかすると、相手の人は、あなたが不快だということに気づいていないかもしれません。

　そこで、我慢できない嫌な**チクチクさん**は、相手を傷つけないように上手に拒否しましょう。我慢したままだとわだかまりが残り、お互いの人間関係まで壊れてしまいます。

　例えば、「あなたって、すごくマジメね」と言われた時、そのことが不快に感じたら、「ちょっぴり心がチクチクするんだけど、どうしてそう思うの？」と聞いてみましょう。もし、相手の人が

明るく裏面なく、「ええっ？　褒めてるつもりなんだけど」と言ったら、ホッと安心することでしょう。

しかし、相手が続けてマイナスのことを言ったら、今後のために、自分はどんな気持ちでいるか、はっきり伝えることが大切です。なかなか難しいかもしれませんが、はっきり伝えることがハラスメントの未然防止に繋がります。繰り返し不快な思いをしないためにも重要なことです。

次に、自分が無意識に**チクチクさん**を与え、誰かを傷つけているかもしれない時のことを考えましょう。

自分が無意識にしていることに気づくのは大変です。どうすれば良いでしょうか？

それは、相手の目を見て話すことです。"目は心の窓"と言われます。話していて相手の目が少し曇ったら、自分が話した内容を少し振り返って見ましょう。

そして、「もしかしたら」と自分自身の態度に気づいたことがあったら、フォローを入れましょう。たとえば、「あれ？　ちょっと言い過ぎたかな？　ごめんね」などと謝りましょう。

もし相手が、「えっ？　何のこと？」と言ったら、ホッとするでしょう。疑問はその場で解決、わだかまりを残さないことです。

素直に感じた気持ちを、心の中に押し込めないで、お互いに活

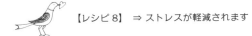

き活き表現すると誤解も生じず、スッキリです。

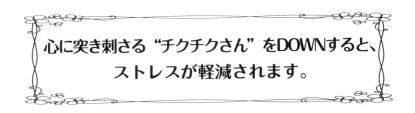

心に突き刺さる "チクチクさん" をDOWNすると、ストレスが軽減されます。

≪ちょこっと心理学【スタンプ コレクション】≫

　何かを買うともらえるスタンプやポイントは、一定量が溜まると景品に交換する。これと同様に、心の中に不快な感情**ラケット感情**を溜め込むことを、**スタンプ コレクション**と言う。そして、一定量溜まると、ネガティブな報酬として不快なやり取りと交換する。

　多くの人は何らかの不快な経験をすると、無意識のうちに心の中に不快な**ラケット感情**が溜まり、次第に交換せずにはいられない。例えば、上司からいつも細かいことを注意されて我慢ばかりしていた部下が、ある日突然に辞表を叩き付けて退社すると言い出す。日頃から上司に何を言われても反抗できず、その不快な気持ちを、まるでスタンプを貯めるように心の中に貯めていて、辞表を出す行為として交換したのである。

【レシピ 9】
振り回されない！ 自分の主導権は自分が握ろう

　私たちは、いつも、自分で感じ、考え、行動しています。
ところが……

「面倒な仕事ばかり押し付けられる」「忘年会の幹事をさせられ
た」などと、「誰かに〜させられた」という表現を使うことはあ
りませんか？

　イギリスの諺に「馬を水辺に連れて行くことはできても、水を
飲ませることはできない」という言葉があります。機会があって
も、それを実行するかどうかは、本人次第という意味です。

　ところが、私たちは、「水を飲まされる」的な捉え方をするこ
とが多々あります。

　誰かに何かを指示命令されても、それに従うかどうかはあなた
が決定したのです。あなたは相手の言うことに従わないこともで
きたのです。

　人から何かを指示命令されて行動していると思うと、心の中に
違和感・不満感が残ります。そして、もし、上手くいかない時が
あると、人の所為にして責任逃れをします。

では、なぜ指示命令に従ったか考えて見ましょう。

（例）「世間に笑われるから〜をした」
　　　　世間に笑われたくないから〜に従ったのですね。

（例）「会社で飲み会の幹事ばかり押し付けられる」
　　　　幹事役を断るより引き受けたほうが良いと判断して、
　　　　引き受けたのですね。

（例）「親に大学に行けと言われたから行った」
　　　　親のいうことに従うほうが良いとあなたが判断して
　　　　大学に行ったのですね。

　つまり、あなたは「誰かに何かを〜された」わけではなく、それに従ったほうが良いと自分で感じ、考え、行動したのです。

　今までのあなたの人生は、すべて自分自身の意志で選択し歩んできたのです。自分の行動は自分が決定権を持っていたことに気づいて下さい。

　さらに、ここでもうひとつ考えてほしい大切なことがあります。今までの人生において取った言動は、本当に納得して、自分が選択したことでしょうか。

　たとえ、自分で感じ、考え、行動してきたと理解できても、無意識に「仕方ない」という思いで従う場合は、いくら自分で判断して行動したとしても「他律」です。それに対し、納得して従う

場合は、「自律」です。意味が全く違います。

そこで、提案があります。

何かをする時には、「それは本当に自分が納得して感じ、考え、行動していることかどうか」を、自分自身に確認してください。

人間は誰でも、人格として対等な関係にあります。だからと言って、立場に上下関係があると人間関係は非常に複雑になります。時には他者に従わなければいけないこともあるでしょう。その場合は、**自我状態 A で納得できるまで自問自答してみましょう。**

人に振り回されず、自分の生き方は自分で決め、その目標に向かって進み、自分が自分の人生のマネージャーになると、自然と勇気と自信が湧いてきます。

あなたの“人生”という舞台のボス、王様、主人公は、あなた以外の誰でもなく、あなた自身です。

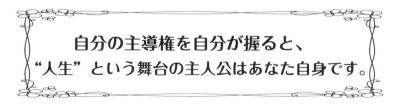

自分の主導権を自分が握ると、
“人生”という舞台の主人公はあなた自身です。

≪ちょこっと心理学【自律性】≫

　交流分析の目指すところは、**自律性**の確立である。**自律性**とは、他人に振り回されることなく、自分が主導権を執って、自分が意思決定を行ない、「今、ここ」での現実への反応としての思考、感情、行動で生きることである。

　また、**自律性**とは理性で理解しているだけではなく、ありのままに、心で感じ、気づき、自分の意志で自発的に行動することである。自律的に行動すると、自分を周りとの比較の世界に置かず、自分もまわりも肯定的に認め合う人間関係が生まれる。

【レシピ 10】
「〜ねばならぬ」を「〜しても良いんだよ」に置き換えよう

　あなたは、「努力しなくてはいけない」「強くあらねばならぬ」「人を大切にしなくてはいけない」「頑張らなくてはいけない」「さっさとしなくてはいけない」などと、無意識のうちに「〜ねばならぬ」と駆り立てられ動いていることはありませんか。

　この駆り立てられるものを**ドライバー**と言います。一体何に駆り立てられて、「〜ねばならぬ」と思い込んでいるのでしょうか。

　それは、自分の頭の中にいる思い込みの親です。ひとりで生きていくことができない乳幼児は、親に自分の存在を認めてもらおうと必死です。

　思い込みの「〜ねばならぬ」に従っていると、ストレスを感じながらも、親に受け入れてもらえる行動が取れていると感じ、どこかに満足感があるのです。

　これが習慣となり、成長してからも無意識に、「〜ねばならぬ」と従ってしまうのです。しかし、このようにして身につけた行動は他律的であり、本当の自分の意思ではありません。

　そこで、「〜ねばならぬ」と行動していることに気づいたら、「〜しても良いんだよ」と言う許可を与える言葉に置き換えてみましょう。

・「努力しなくてはいけない」→「楽しんでやってもいいんだよ」
・「強くあらねばならぬ」→「感情を出してもいいんだよ」
・「人を大切にしなくてはいけない」→「自分も大切にしてもい
　いんだよ」
・「完全でなくてはいけない」→「ありのままでいいんだよ」
・「さっさとしなくてはいけない」→「ゆっくりしてもいいんだよ」

「〜しても良いんだよ」という意味は、してもしなくてもあなた
の自由という意味を含んでおり、その後の行動は自律的行動に変
わり、自分の判断で"従う・従わない"の選択肢が生まれます。

　実例ですが、仕事が残業続きで疲労が溜まっていても、皆がやっ
ていることだから自分も「頑張らねばならぬ」と過酷な残業を続
け身体を壊した友人がいました。聞いて見ると、帰途、気分転換
にお酒を飲まずにはいられず、深夜帰宅ばかりだったとのことで
す。

　そこで、その人に、心理学の**アローアー**の考え方を話し、「もっ
と人生を楽しんでいいんだよ」と提案しました。すると、その人は、
この当たり前な言葉の大切さに気づき、「確かに！」と思った途端、
「もともと仕事は自分が選んだ好きなことだから、もっと楽しん
でやってみよう」と思ったそうです。すると、不思議に心に余裕
ができ、仕事もはかどり、一人でヤケ酒を飲むことが少なくなっ
たとのことです。

　この人の場合、与えられた仕事の状況は何も変わったわけでは
ありません。「ねばならぬ」という他律的に従っていた行動を、

自分が選んだ自律的な行動と意識を変えただけで、気持ちにも時間にも余裕が生まれたのです。

　実際の行動を変えることは大切ですが、捉え方を変えるだけでも、不快から快に変わるのです。

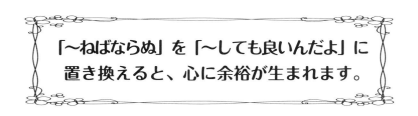

「〜ねばならぬ」を「〜しても良いんだよ」に
置き換えると、心に余裕が生まれます。

≪ちょこっと心理学【アローアー】≫

　本人に"従う・従わない"の選択権を与える「〜してもいいんだよ」という肯定的なメッセージを**アローアー**と言う。この言葉は、他者からでも自分自身でも発すると、自律的な行動を推進して、その結果、自分自身が満足する好循環が得られる。

　一人で生きることが出来ない乳幼児にとって、絶対的な存在の親からのメッセージは非常に深い意味を持つ。親の言葉と表情から発するメッセージを、「〜するな」と行動を制限する**禁止令**として捉えるか、「〜していいんだよ」と行動を推進する**アローアー**として捉えるかによって、乳幼児期に心の基礎となる態度を身につける。この捉え方は、成長した後も事あるごとに考え方を左右する。

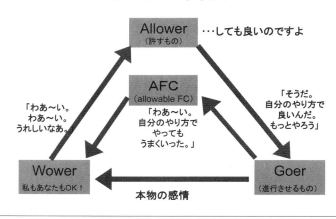

OK ミニスクリプト

【レシピ11】
自分の長所を活かせる三つの"い"場所を構築しよう

　人生を豊かに過ごすためには、大切な三つの"い"場所："居る場所""行く場所""活かす場所"が必要です。この三つは、どれが欠けても**ストローク**不足を感じます。

　まず、一つ目は、"居る場所"です。

　あなたが、疲れたり、のんびりしたいと思った時に、ゆっくり休める居心地の良い所です。それは家庭や仲間とのたまり場であるかもしれません。

　その場所は、どれだけ長く居ても、何をしていてもしていなくても、誰もが温かく包んでくれるリラックスできる所です。疲れた時には、愚痴を言っても、何もしなくても、あなた自身を否定する人もなく、温かく癒してくれる所です。

　二つ目は、"行く場所"です。

　仕事以外に、定期的に通える所です。例えば、習い事、教えている事、ボランティア、スポーツクラブなど、あなたを待ってくれている人が居る所です。

　休むと、「どうしたの？」と気遣ってくれる人が居る所です。ふと時間が出来た時、時間を持て余すのではなく、受け入れてく

れる仲間が居て、雑談できる所です。仲間に囲まれている安心感を得られる所です。

　私の好きなフレーズです。

Good friends are like stars.
You don't always see them.
But, you know they are there.

　三つ目は、"活かす場所"です。

　仕事以外に、活き活きと能力を発揮できる場所です。例えば、教えている事や特技など、あなたの得意なことを活かすことができる所です。

　自分が社会に役立っていると感じられる場所です。

　この三つの場所は、あなたにエネルギーを与えてくれるところで、どれが欠けてもこの世に存在する価値が薄れ、空虚感を味わう時があります。

　ひとつの場所だけに関わっていると、そこでの地位確保に固執して、失うことの恐怖感から醜い争いを仕掛けることがあります。心に余裕を持つためにも、三つの"い"場所である"居る場所""行く場所""活かす場所"を確保しましょう。すると、どんな困難に出会っても乗り越えるエネルギーを補うことが出来ます。

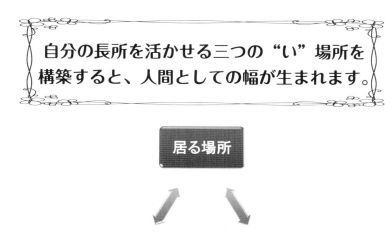

自分の長所を活かせる三つの "い" 場所を
構築すると、人間としての幅が生まれます。

≪ちょこっと心理学【存在認知】≫

　我々は、究極的には自分の存在意味を確かめる為に生きていると言える。仕事をしたり、勉強したり、運動したり、コミュニケーションを取ったり、……これらはすべて、自分の存在を肯定的に確認するために行なっている行為である。そこで、良い人間関係をつくる基本は、生きる目的であるお互いの存在を肯定的に認め合うことと言える。

　つまり、我々は、相手の存在を認めてする働きかけである**ストローク**を得るために生きており、**ストローク**のやり取りの学びが心地良い人間関係のスタートラインである。

【レシピ 12】
オリジナリティを体得しよう

　2017 年に解散したＳＭＡＰのヒット曲に「世界に一つだけの花」があります。その歌詞に「小さい花や大きな花　一つとして同じものはないから　No. 1 にならなくてもいい　もともと特別な Only one」という一節があります。

　この歌は、決して花のことだけを言っているのではなく、私たち人間社会のことを譬えて言っているということは周知のことです。

　彼らは、グループとして No. 1 の地位をずっと保ち続けました。素晴らしい努力があってのことだと思います。そして、解散。詳細についてはいろいろご意見があると思いますが、「もともと特別な Only one」に忠実に従ったと思っています。

　さて、多くの人は、無意識のうちに人と比べて、「いいなあ」とうらやんだり、暗くなったり、「私はあなたほど能力なし」と自己卑下したり、「私のほうが勝った」と優越感に浸ったり。また、誰かが流行のファッションや習物などを取り入れると自分も真似をして取り入れたり。

　皆と同じようなことをするから、比較したくなるのです。全く別なことだったら、比べることが出来ません。それが Only one です。しかし、そのような Only one を見つけるのは至難の業で

す。あまり、特殊なことだと変わり者というレッテルを張られる
かもしれません。ではどうすればいいでしょうか？

　自分自身を信じ、**自己肯定感**を持つことです。たとえどのよう
なことであっても、周りと似ていても、自分が選び判断し行動し
たことなら Only one です。No. 1 は比較の世界であり他律の世
界、Only one は自律の世界です。

　あなた自身の存在が「もともと特別な Only one」で、この世
にたった一人の素晴らしい存在です。Only one である自分自身
の存在を信じましょう。

オリジナリティを体得し、
オンリーワンだと比較しなくてＯＫです。

≪ちょこっと心理学【セルフストローク】≫

　自分で自分自身に対して、自己肯定感を高める言葉がけや、ご
褒美や励ましなどの**ストローク**を与えること。

第3章

子としての自分を upgrade する

子どもは、自分が大人に成長すると、自分より先に存在する人たちに対する感謝を忘れてしまいがちです。
しかし、肉体的にも精神的にも、親を始めとする先人たちが居たからこそあなたが存在するのです。

例えば、多くの年配の方は和風料理を好みます。和風料理は、カロリーが控えめで健康面で優れ、食材を活かして栄養バランス良く、季節に応じて見た目にも彩り良く組み合わされています。さりげない心遣いが感じられる趣向を凝らした調理法や盛り付けが、年配者には最高に好まれます。

これと同様に、親は子どもからすると古風なことにこだわります。古風なこととは、健康を気遣ったり、優しい言葉がけをしたり、しきたりを重んじたりすることです。幼い頃の素直さを活かしたさりげない心遣いが、親にとっては心に響く最高の宝物です。

第3章では、さりげない心遣いが感じられる和風料理が年配の方には好まれるように、自分のルーツである親に対して、自分を素直に表現し、さりげない心遣いの大切さを探ります。

【レシピ 13】
人間の進化・発達を理解しよう

　私たちの祖先はどこから来たのかルーツを探ってみると、知れば知るほど、その神秘に驚きます。

　まず、男女の出会いは、地球上何十億人の中で出会った二人です。日本人に限って言っても、約1億2700万人の中で出会った二人です。

　そして、精子と卵子の出会いの確率は、最大100万個あった中のたった一つの卵子と、一回5000～3億の精子のたった一つの出会いです。

　まさに天文学的確率ですね。その天文学的確率の出会いの後、さらに非常に不思議な経験をします。

　人間は、母親のお腹の中で、生物がこの世に誕生してから約40億年かかった進化をたどると言われます。「有機体→単細胞生物→多細胞生物→魚類→両生類→ 爬虫類 → 哺乳類→類人猿→人間」という過程です。

　お腹の中の1週間が1億年、40億年の過程を妊娠40週でたどるというのも不思議です。

　また、妊娠10ヵ月の過程で悪阻が起きるタイミングが、生物の進化から言うと、呼吸の仕方がエラ呼吸から肺呼吸に変わった

生命的に大変革があった時期と一致するそうです。

　ほかに血液と海水の塩分濃度がほぼ同じなど不思議な一致が多々あります。

　つまり、赤ちゃんは、受精から出産までの妊娠 40 週の間に、地球上に生物が誕生してからの進化の過程の縮小版を経験するのです。

　この世に生まれ出るまでの超偶然の積み重ねの結果が今のあなたに繋がっていると思うと、私たち一人ひとりは、どんなに貴重な存在なのかお解かり頂けると思います。

　では、この世に生まれ出てきてからの性格形成はどうでしょう。

　人間の赤ちゃんは、オギャーと生まれ出てきても、未熟な状態で生まれてくるので、一人では何もできません。未熟な乳幼児は、ほとんどの時間を母親と過ごしますから、いろんな情報は主に母親から入ります。

　乳幼児は良い悪いの判断はまだ出来ないので、主に、自分にとっての絶対神である母親とのすべての言動のやり取りから自分の生き方の基礎を決断します。この未熟な決断を**幼児決断**と言います。生まれ出てきてからの性格形成のルーツは、まさに母親との**ストローク**交換にあるのです。

　その後、成長に従って、周りの大人や環境からいろんなことを吸収し、現実に沿った生き方に少しずつ上書き保存していきます。

ところが、私たちの脳には、生まれ出てからの経験の多くが、上書きされないで、そのまま残っていると言ったら驚くことでしょう。

　その証拠に、普段はすっかり忘れている事であっても、何かの切っ掛けで、何十年も前の出来事を思い出すことがあります。例えば、「幼児のころの友だちの名前は何？」と聞かれると、何十年も思い出したことがなかった幼友達の名が出てきます。

　私たちの脳は、ぎっしり物が詰まった納戸のようです。いっぱい詰まった中身は普段意識していません。存在さえすっかり忘れている事もあります。ところが、何かのきっかけで納戸を整理するために入っていくと、「あれっ、こんな物が入っていた」と何年振りかに引き出して使うことがあります。

　記憶もこれと同じで、ふとしたきっかけで、思いもかけない過去のことを思い出す時があります。私たちは意識していないだけで、今までの人生のすべての記憶が蓄積して、一部は上書きされ、集大成として今の自分の性格を形成しているのです。

　このように考えると、頭の収納庫には、自分が気に入ったものだけを入れたいですね。

　そこで、納戸の中身の整理と同じように、一度、頭の収納庫を断シャリしましょう。不快な記憶は、取り出して吟味せず捨てたいのですが、物と違って捨ててしまうことができません。

　そこで、**ふわふわさん**を絶えず流れ込む状況を作ることによっ
て、不快感を頭の収納庫の奥深くに追いやってしまいましょう。
空いたスペースを、新しく気に入った快感で満たすのです。まさ
に“ふわふわさん貯金”です。すると、心の中はいつもホッカホ
カです。

　今のあなたは、奇跡の集大成としてこの世に存在するのです。
生まれ出てからは、初期の間は母子の関わりによって心身ともに
成長し、その後は、あなた自身が考え選択し決断してきたのです。

　そして、この一連の機会を作ってくれたのが親です。大いに感
謝しましょう。

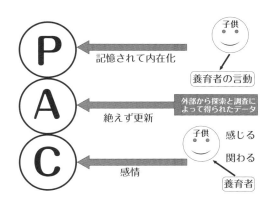

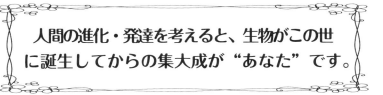

人間の進化・発達を考えると、生物がこの世
に誕生してからの集大成が“あなた”です。

≪ちょこっと心理学【構造分析】≫

　エリック・バーンは、個人の性格を構成する感情、思考、行動を理解する方法の研究に力を注いだので、交流分析は「性格を分析する」と言われている。

　自分の性格がどのように形成されたかを**自我状態**の記号" Ⓟ Ⓐ Ⓒ "を使って分析することを構造分析という。

　Child の頭文字をとったⒸの**自我状態**は、成人しても持ち続けている幼い頃の本能的な感情、思考、行動である。生まれながらに身につけている無邪気なところもあれば、親に見捨てられると生きていくことができない乳幼児が、生き延びるために本能的に身に付けた従順なところもある。大人になっても、乳幼児期の思い出がよみがえり、子どものような感情と思考が心を支配する本音の部分である。『快・不快』を司る。

　Parent の頭文字をとったⓅの**自我状態**は、生育過程において、強い影響力を持っていた養育者の言動を鵜呑みに取り入れた価値観・偏見などである。しかし、中には偏った偏見や信じ込みが含まれることもある。『良・悪』を司る。

　Adult の頭文字をとったⒶの**自我状態**は、成長とともに自分自身で体験して納得の上で取り込んだものである。感情に振り回されないで、客観的に冷静に判断したり、考えたり行動する部分である。大人になってからも継続的に発達し続ける。『正・誤』を司る。

【レシピ 14】
親がいるから自分が存在することを再認識しよう

　人間は生まれてきた時は、何の不安も心配もなく、母親のなすがままにすべてを委ねています。これは、母子は基本的に信頼関係にあるからです。

　ところが、乳幼児は、本能的に世の中は自分の思い通りにはならないと、少しずつ感じ取っていきます。

　乳幼児は、一人では生きていくことが出来ないので、母親に見放されないように未熟な判断力で必死に試行錯誤します。そして、母親に受け入れてもらうために、母親に合わせる自分の生き方を身につけていきます。

　しかし、自分がいくら従属的に振る舞っても、受け入れてもらえないと感じる時も出てきます。そんな時は、愚図ったり泣いたりしてみます。その結果、母親が思い通りに対応してくれたと感じると、強く意思表示をする生き方を身につけていきます。

　これは同時に、親に受け入れてもらえない時期を経験しているので自己防衛が背景にあります。小数ですが、何をしても自分は受け入れられていないと居場所を感じられない乳幼児もいるでしょう。

　このように、乳幼児は生きていくために親にどうしたら受け入

れてもらえるか試行錯誤し、自分のあらゆる感情や欲求を状況に
合わせていきます。

　たとえ、母親がいくら愛情を注いでも、母子は別人格です。乳
幼児は自分の思い通りにならないことを、欲求に応えてもらえな
い、無理やり強いられるなどと不快に感じ取ってしまうこともあ
ります。

　また、親の体格は子どもの数倍の大きさであるために、その威
圧感から子どもは親の実際の言動に恐怖感を加味して受け取るこ
とがあるかもしれません。

　乳幼児期の未熟な判断で行なったこのような決断が、成人して
からも性格の根幹に存在していると言うと驚くでしょうが、嘘の
ような本当の話です。

　しかし、親の立場から考えると、親が駄目と言う禁止の言葉を
多用したり、厳しい表情になったりするのは、多くの場合、子ど
もを危険から守るためではないでしょうか。

　子どもが親を好む好まないに関わらず、親が居たから存在する
のです。親は先天的にも後天的にもあなた自身を形成している一
番縁の深い存在です。

　人によっては、「もっと〜のほうが良かった」「あんな親なんか〜」
と親に不満を漏らす人がいるかもしれません。しかし、少なくとも
あなたの親が居なかったら、あなた自身存在していないのです。

　生きていて不快なことばかりですか？　笑顔になったことはありませんか？　好きなものを食べて「おいしい！」、旅行をして「感激！」、映画を見て「楽しい！」などいろんな経験は、今ここに存在しているからこそできるのです。

　人間のルーツである紀元前の魚類や恐竜に感謝することはできないのですから、今現在、関わることができる親の存在の大切さを再認識してみませんか。

　Flash アニメの『WALKING TOUR』中に、親の子に対する思いが表われていますのでご紹介します。

[Walking tour]　　sapara 制作
僕たちは歩いている　　時間軸を過去から未来へ
ずっと歩いている

一人で歩いているわけではない
家族、友人、恋人、みんな一緒に歩いている
それは永遠に続くようで、続かないこともある

足を止めてしまった人とはもう一緒に歩くことはできない
だけど、その人は、「いなくなった」わけではない
そこに立っている
ずっとそこにいて、僕たちが歩くのを見ている
いなくなったんじゃない

いつまでもそこにいるから、安心して僕たちは歩き続けよう

そう　本当は「いなくなった人」なんていない
みんな　そこにいて、僕たちが歩くのを応援している
だから　歩け！

「ずいぶん歩いたなあ」「さすがに疲れた…」
「そろそろ……立ち止まっても……いいか……な」
「ふう……」

「やっと会えたね」「あ……」
「あれ？　僕、君が止まってから随分歩いたと思うんだけど、
なんてすぐ後に？」
「人間が一生に歩く距離なんて、振り返れば短いもの」

「な〜んだ、もっとのんびり歩いてもよかったかな」

「それより、ほら、あなたの家族が……」
「まだあなたを見てますよ」

「ゴルア！　後ろばっかり見ているとつまづくぞ！」
「前を向いて…」「しっかり歩け!!!」

**親がいるから自分が存在することを
再認識すると、自分の存在に確信が持てます。**

≪ちょこっと心理学【人生脚本】≫

　人生脚本は、「人生早期に親の影響下で発達し、現在も進行中のプログラムを言い、個人の人生の最も重要な場面で、どう行動するかを指示するもの」と定義付けられ、エリック・バーン博士は"無意識の人生計画"と言っている。

　すべてが未熟で一人では生きていくことが出来ない乳幼児は、その時の未熟な知恵を振り絞って、周りの環境や養育者に適応するように幼児決断し、その上に思考・感情・行動を身につけていく。

　成人してからも、人生の重要な場面である結婚、就職、子育てなどの時に、無意識に幼い頃に書いた筋書きに沿って行動することを決定している。

　人生脚本に沿って生きることは決してマイナスのことばかりではないが、他律的な行動である。

　大人になった今、生き方にストレスを感じたら、「今ここ」での判断で自律的に生きるようにすることが大切である。

　①脚本は、自分の無意識の人生計画である
　②脚本は、無意識に報酬を目指している
　③脚本は、無意識の中で進行する
　④脚本は、**幼児決断**に基づく
　⑤脚本を正当化するために、現実は**再定義**される
　⑥脚本は、養育者から大きな影響を受けている
　⑦脚本は、コンテンツとプロセスの両方を備えている

【レシピ 15】
親に頼るところと頼らないところを仕分けしよう

　私たちは何歳になっても、幼い頃の感情や思考を伸び伸びと表わす素直な心をどこかに持ち続けています。

　ところが、成長とともに謙虚とか控えめというもっともらしい冠を被り、大人として大切と思っている理性を身につけ、幼い頃の素直な心を完全に心の奥に押し込めてしまいがちです。

　しかし、この人間本来の素直な感情を持ち続けることが、心の若さを保つ秘訣です。社会生活を活き活き豊かに楽しく過ごすためにも大切なエネルギーです。

　幼児のように、「すごい！」「きれい！」「やった！」「楽しい！」と感嘆符付きで短く表現することによって、心を覆っていたもやが晴れ心の透明感が増してきます。

　さて、本題に戻って、親に頼るところとは、幾つになってもこの素直な子ども心で接し続けることです。ただし、この前提に大切な三つの自立があります。

　社会人として、「精神的自立」「経済的自立」「社会的自立」という三つの自立です。

　主体性を持って自律的に行動することが、「精神的自立」。

　他者に頼らず自分で経済生活を維持することが「経済的自立」。責任感を持って、他者との共生ができることが、「社会的自立」。

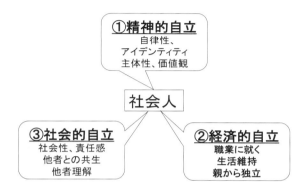

①**精神的自立**
自律性、
アイデンティティ
主体性、価値観

社会人

③**社会的自立**
社会性、責任感
他者との共生
他者理解

②**経済的自立**
職業に就く
生活維持
親から独立

　この三つの自立の上で、子という立場を取った時は、親にいろんなことを相談したり、頼ってみたりという素直な子ども心で接しましょう。

　親にとって、子どもが立派に成長し自立していることは嬉しいことです。しかし、その反面、自分の出番がなくなり、どこか寂しさを感じていることも事実です。

　そこで、たとえば、こんなことをしてみてはいかがでしょうか。

①　お酒でも飲みながら、外での出来事や、孫の教育のことなどを相談する。

　　たとえ、自分で結論が出ていることでもいいのです。自分と全く違う考えを言われても、「なるほど」と、その場で

は素直に受け入れてみましょう。

② 孫を預けたり、ちょっとした用事を「助かる。ありがとう」という言葉を添えて頼んだりしてみる。

親は「いつまでも頼って！」と愚痴をこぼしながら活き活き動いてくれるでしょう。定年退職した親なら尚更です。

③ 別居の場合は、時々訪ねて行って「〜を食べたいなあ」と、お袋の味をせがんでみる。また「親父の意見を聞きたくって」と、親父のプライドをくすぐってみる。

「親を当てにばかりするんだから……」と親は愚痴を言いながらも、活き活き動いている姿を目にすることでしょう。頼ることが親孝行に通じます。

あなたの姿を、あなたの子どもが見ています。その子が成長した時に、同じことをしてくれた時、初めて、何が嬉しいことかに気づくことでしょう。

社会的に立派に自立している子どもが、親にだけは本音で接して**親密**な関係を保ってくれることくれることが親の喜びです。

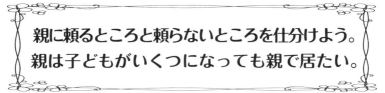

親に頼るところと頼らないところを仕分けよう。
親は子どもがいくつになっても親で居たい。

≪ちょこっと心理学【親密・intimate】≫

　お互いに自分を偽ることなく、心を開いて感じていることや欲していることを共有し、ありのままに接し、また、お互いの存在そのものを肯定的に認め合う、愛情と信頼に満ちた関係を**親密**（intimate）と言う。交流分析で目指す人間関係である。

　各自我状態を適切に使い、相互信頼・相互受容の時間である。そのため、真の心の触れ合い・充実感が得られ、OKOK の関係が築ける。裏面に別のメッセージがなく、お互いに信頼しあった真の欲求と本音の時間のため、真の心の触れ合い・充実感が得られる。一度、この時間を持っただけで、しばらくの間、時には何年間も、相手の人との間に温かい関係が持続する。

　お互いの心が直接触れ合っているために、100％の自我を出し合うと「もう 2 度と顔を見たくない」という険悪な状態になることが稀にあるので、紙 1 枚の隔たりを保つ理性が必要である。

【レシピ16】
親は『親』として認めよう

　動物の中で生まれてから一人では生存できない期間が、一番長い存在が人間です。そのため、乳幼児は、生存の為に一番必要な相手を模索し決定し順応します。それが親です。

　またそれと正比例して、親は自分自身のことを二の次にして全身全霊をかけて子どもを養育します。親は、決して見返りを期待するわけではありませんが、心の何処かで、我が子に一番、親としての自分を認められたいと思っています。

　では、親が子どもに認められていると感じるのはどのような時で、そんな時、子どもは親にどのように接すればいいでしょうか?

①　我が子から相談された時、親として認められていると感じる
　　　だから、大きなことは、結論を出す前に親にひと言相談しましょう。親の言葉に従うのではなく、参考にするだけで良いのです。親は嫌われても本音を言ってくれる最高のアドバイザーです。

②　我が子が傾聴してくれた時、親として認められていると感じる
　　　だから、親は、たとえ喧嘩をしようが、心の奥底にある気持ちは、我が子との会話が最高の楽しみということです。たとえ自分が違う意見を持っていても、心に余裕を持って話を最後まで傾聴しましょう。

③　我が子が健康を気遣ってくれた時、親として認められていると感じる

だから、「大丈夫？」「気をつけて」の言葉がけをしましょう。怪我や病気をしたり、また、悩んでいる人には当然の言葉がけですが、親には、「お早う」「おやすみ」の言葉と同じぐらいの気軽さで問題がなくても頻繁に言ってください。

④　我が子が笑顔で接してくれた時、親として認められていると感じる

だから、自分をプロデュースしてくれた親に対して、「ありがとう」の気持ちを背景にした笑顔で接しましょう。

たったこれだけの４項目の返答を実行するだけで、相手に**無条件の＋ストローク**を与えることができます。すると、子としての自分を Upgrade できます。

親子関係は心の奥に甘えがあるので、「言わなくてもわかっているから」と実行しない人が多いですが、わかっていても言葉で伝えられると何倍も嬉しいものです。

この４項目は親に対してだけではなく、長く付き合いたい相手には大切な働きかけです。

親は『親』として認めよう。
お互に一番自分を理解してほしい存在です。

≪ちょこっと心理学【無条件ストローク】≫

　変えることができない相手の人格や存在に対して与える**ストローク**である。肯定的に関わる時には効果的だが、否定的な場合は、値引きが含まれる。
　たとえば、「さすが」「愛している」「大好き」などの言葉や、挨拶をしたり、笑顔で微笑みかけることなどである。

　これに対し、変えようと思えば変えることができる相手の言葉や行動に対して与える**ストローク**を**条件付きストローク**という。たとえば、「～をしたから、～だ」などのように、相手の行動変容を促すためには有効である。

【レシピ 17】
親は "最高のアドバイザー" と認めよう

　あなたは、たとえ相手に嫌われても、その人のために言おう、してあげようと思うことはありますか？　多くの人は「そんなお節介なことはしない」と言うでしょう。

　もし嫌われても、相手のためになることならば伝えようと思う相手は誰ですか？　唯一、自分自身より大切な存在と思う我が子です。

　私自身が「親は最高のアドバイザー」と実感した出来事を話します。

　父を早くに亡くした私にとって、女手ひとつで育ててくれた母には感謝はすれど、納得できないいろんなやり取りがありました。

　ところが、母が亡くなる数年前の出来事です。90 歳になった母は、赤ちゃんのようにお肌艶々、出かける時は『おててつないで』、話は分かりやすい短い文章で、トイレに行く時も一緒。そこには、昔の厳しい母ではなく天使のような母がいました。

　ある日のことです。母の寝顔を見ている時、母を責めずとっても穏やかな気持ちで、自分の行動を反省している自分がいることに気づきました。

　もしかすると、いろんな難題を与えることで、私が一人の人間として自律的に強く生きていくことができるようにという母の教

育の仕方だったのだろうか……

　もしかすると、温かい関わりがもっと欲しかったのに言えず、母は我が子に不快な関わりの**心理ゲーム**を仕掛け、こっちを向いてと訴えていたのではないだろうか……

　もしかすると、あの時、母は一人で何かに苦しんでいて、私にその苦しさを訴えていたのではないだろうか……

　もしかすると、……もしかすると、……
決して良い格好をして言っているのではなく、次々と**内部対話**をして反省しているいる自分がいました。そして、このいくつもの「もしかすると……」の仮定が事実であると、母のお葬式の日に知ったのです。

　この前提にあるのが**自己肯定感**です。自分自身も年齢を重ね、自己肯定できるようになった結果、現実を歪みなく受け入れることが出来るようになったのだと思います。

　さて、あなたは今の自分が好きですか？　疑問な人は、まず、自分を好きになることから始めましょう。

　すると、あなた自身を生んでくれた親への感謝の気持ちが自然と沸いてきます。親は嫌われても、子どもが社会で立派に生き残っていくために、本音で接してくれる最高のアドバイザーです。

親は"最高のアドバイザー"と認めよう。
嫌われても本音を言ってくれる唯一の存在です。

≪ちょこっと心理学【内部対話】≫

　迷っている時、判断を下す時、私たちの心の中では自我状態の
Ⓟと©の間で葛藤が起こっている。

　Ⓟは、親や親に類する大人から言われたことを鵜呑みに身につ
けた価値観や道徳観である。親の影響が強いといつもⓅが勝ち、
自分の本心からの決断ではないために心の中に欲求不満が溜まる。

　©は、子どもの頃から持ち続けている感情や欲求である。未熟
すぎるといつも©が勝ち、社会性に欠けることがある。

　何かに決断を下す前には、内面でこのⓅと©が綱引きをして、
最終的には自我状態のⒶが、自分にとって最善の方法を選択する。
この状態を**内部対話**と言う。

内面で起こっている葛藤

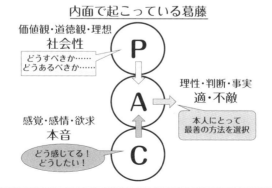

価値観・道徳観・理想
社会性
どうすべきか……
どうあるべきか……

P

A

理性・判断・事実
適・不敵

本人にとって
最善の方法を選択

感覚・感情・欲求
本音
どう感じてる！
どうしたい！

C

【レシピ 18】
親の苦言は最高の宝物として心に留めよう

「うるさいなぁ」「わかっているよ」「子どもじゃないんだから」
「おせっかいだなあ」「言われると余計したくなくなる」などの言
葉を、親に発した経験は、誰にでも何度かはあると思います。

　何歳ごろにこれらの言葉を発したかによって、意味は大きく
違ってきます。

　10代中頃までの子どもは、頻繁にこのような反抗的な言葉を
発することがあります。それまで親の傘下のもとに他律的な日々
を送ってきた自分が、いろんな経験をして、さなぎからチョウが
孵(かえ)るように、子どもから大人へと自立に向かう脱皮の時期です。

　心の奥底どこかには、「ごめんなさい」という気持ちがありな
がら、必死に自分で考えて行動しようとしているのです。子ども
が成人に向かう必要な過程と考えて良いでしょう。

　親は、叱りながらも、心の中であなたの成長をサポートしてく
れています。

　では、成人してから、このような反抗的な言葉を発したことは
ありますか？　あるとすれば、10代の時の自立が少し上手くい
かなかったのかもしれません。これは問題です。

　成人しているあなたは、親の苦言は、心より我が子を思っての言葉だと薄々わかっているはずです。それにもかかわらず、まだ、このような言葉を返している自分に気づいたら、精神的自律が上手くできていないのでしょう。

　次からぐっと言葉を飲み込んで、親の言葉を心の簞笥にしまい込んでみましょう。その時に気をつけることは、親の言葉を不快な感情と一緒に心の簞笥にしまい込まないことです。

　この不快な感情は、交流分析では**ラケット感情**と言います。一人では生きていけない幼い頃、親の愛情を引き止める為に身につけた代用感情です。成人したあなたには不要の感情です。

　言葉だけを事実として、心の簞笥にしまい込んでください。"宝物"はそこに存在する"物"であるように、"言葉"もそこに存在する"物"としてしまっておきましょう。

　すると、経済的ピンチの時にしまってある"宝物"を思い出すように、精神的ピンチの時に"親の苦言"を思い出すことでしょう。

　その言葉は、きっと、あなたの羅針盤となって、あなたを導いてくれることでしょう。

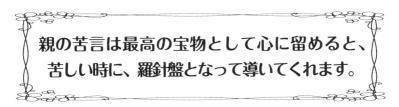

親の苦言は最高の宝物として心に留めると、
苦しい時に、羅針盤となって導いてくれます。

≪ちょこっと心理学【教育的な否定的条件付きストローク】≫

　変えることができない人格・存在に対して与える**ストローク**を**無条件ストローク**と言う。これに対して、変えようと思えば変えることができる相手の言葉や行動に対して与える**ストローク**を、**条件付きストローク**と言う。

　条件付きストロークは、本人が理解できるしっかりした理由づけをして叱る時に有効である。相手に注意したり苦言を言ったりする時、問題のある言葉や行動だけを否定するのである。その場では、本人は不快感を持つ可能性が多い。

　しかし、自分が冷静な態度で本人の成長のために言う苦言は、多くの場合、教育的な意味を持った必要な**ストローク**であり、これを**教育的な否定的条件付きストローク**と言う。

【レシピ 19】
親に対しては言葉もお金もケチケチしない

　あなたは、日常生活において、「おはよう」「ありがとう」「お世話さま」「身体に気をつけて」などという挨拶言葉を多く使っていることと思います。

　社会生活をしていく上で当たり前のこのような言葉は、人間関係の潤滑油として大切です。

　ところが、自分の親に対してはどうでしょうか。

　特に親は一番付き合いが長いし、同居の場合は、毎日顔を合わせている相手だから緊張感が薄れ、このような挨拶言葉は今さら言わなくてもと、省略していることが多いのではないでしょうか？

　私自身、子であり、親であり、両方の立場の中間地点に居て、日々感じることは、「親は最も近い存在だからこそ、なおさら決まりきった挨拶言葉でも省略せず、口に出して伝える」ことの重要さです。

　決まりきった挨拶言葉でも、親には、子が想像する思いの何十倍の嬉しさとして伝わります。そして、その言葉があなた名義の心の貯金となって親の " ふわふわさん銀行 " に貯まります。

　特別に大げさな言葉でなくて良いのです。例えば家族なら、「有難

【レシピ19】 ⇒ 親はあなたの専属 bank です

う」「感謝しています」「身体を大事にしてね」「おはよう」「おやすみ」
「嬉しい」「楽しかった」「またね」目が合った時に、ニコッ！……

　あなたからもらったふわふわさん貯金は、いつか親から予想外
の利子がついて戻ってくるでしょう。「親思う心にまさる親心」
と言うことわざがあります。言い切れることは、親が持っている
"あなた名義の心の銀行"の利子は、驚くほど高いことです。

 ≪幼い子と母親の会話≫

【子】「ふわふわさんの貯金箱ってどこにあるの？」
【母】「（胸を指しながら）心の中よ。触ってごらん」
【子】（自分の胸を触って）「温かい！」
【母】「そう。美保ちゃんの心にはふわふわさんがいっぱい入っ
　　　ているから温かいのよ」
【子】「一杯になったらどうするの。あふれちゃうよ」
【母】「まだ一杯になっていない人にあげればいいの」
【子】「ママはまだ一杯じゃない？」
【母】「そうねえ。もうちょっと欲しいかな……（笑）」
【子】（抱きついてきて）「じゃあ、美保のをあげるよ」
【母】「ありがとう。ママも一杯になったよ」
【子】「美保のは減っちゃった？　無くなった？」
【母】「もう一度胸を触ってごらん」
【子】（母に抱きついていたので）「さっきより温かよ」
【母】「そうよ。ふわふわさんは人にあげると、もっともっと
　　　増えるのよ」
【子】「どこからやってくるの？」

【母】「美保がママにくれたように他の人がくれたり、心の中
　　　でどんどん生まれてくるのよ」

【子】「ふ〜〜ん……わかんない。でも、ふわふわさんて温か
　　　くて気持ち良い〜。絶対無くならないんだね？　じゃあ、
　　　皆に一杯あげよ〜っと！」

【母】「よ〜し！　今から、ママと一緒に、ふわふわさんをお
　　　友だちにあげに行こう！」

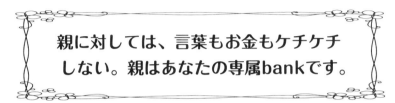

**親に対しては、言葉もお金もケチケチ
しない。親はあなたの専属bankです。**

≪ちょこっと心理学【ふわふわさん貯金箱】≫

　他者から**ふわふわさん**をもらって貯めたいと思っても、相手の
あることなので思い通りにもらえないこともある。**ふわふわさん
貯金箱**という３ヵ月手帳は、自分ひとりでも心の中に**ふわふわさ
ん**の貯金額を増やせるように考案した手帳である。（詳細は筆者
HP）一回の**ふわふわさん**のやり取りが、実際にやり取りをした時、
思い出した時、書き留めた時、後日この手帳を読み返した時と、
４倍になってあなたの心に溜まる。全く**ふわふわさん**をやり取り
しない日はなく、ただそれに気づいていないだけである。

【レシピ 20】
電話より価値ある笑顔を届けよう

　思いがけず、子どもやお友達が立ち寄ってくれると、「まあ、突然ね」と慌てながらも、心の中は満たされていた経験はありませんか。

　最近は、携帯電話や各種 mail の発達により、頻繁に会っているようなつもりでいたら、何ヵ月も顔を合わせていなかったという経験はありませんか。

　人は一人では生きていくことはできないので、私たちが生きている証は、この社会、組織、個人的な場において人間関係を持つことです。

　中でも、相手と向き合って行なう対面コミュニケーションは、「目は口ほどにものを言う」との諺もあるように、言葉だけではなく、表情や態度など全身を使って互いの感情や意思を伝え合います。

　対面して行なう交流は、これ程重要でありながら、親子関係では「今さら」「分かり合えているから」などと軽視していることはないでしょうか。

　親にとっては、子どもは宝です。離れていても、いつも頭の中には子どものことがあります。

　顔を見せることは、100回のメール、10回の電話に相当する「う
れしさ」を運びます。試しに、ブラッと親元を訪ねてみてくださ
い。「何？　何かあったの？」と少し困惑しながらも、活き活き
動いている親の姿を目にすることでしょう。

　笑顔を見せに行くだけで、親は安心します。「肩をもんであげ
ようか」なんて言ったら、あなたが帰った後、涙を浮かべている
親が居ることでしょう。

電話より価値ある笑顔を届けよう。
親は、子どもが顔を見せてくれることが
最高の喜びです。

≪ちょこっと心理学【メラビアンの法則】≫

　アメリカの社会心理学者のアルバート・メラビアンが1971年に提唱した法則で、表現効果における分析を行ったものである。「言語」「聴覚」「視覚」で矛盾した情報が与えられた時に、人は「視覚」から入った情報に最もウェイトを置き、話し手の感情や態度を判断する。つまり、物事を表現する時、言葉に頼りがちであるが、実際の表現効果は非言語のほうが強いということである。
『言葉の意味と非言語が一致しないと、好意が嫌悪に、快が不快になるなど、言葉の意味と正反対な意味に受け取られてしまうことがある』と言っている。

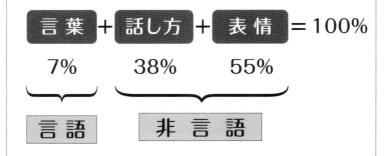

人に接するときの表情・態度の重要性

アルバート・メラビアンの表現効果総量

言葉 ＋ 話し方 ＋ 表情 ＝ 100%

7%　　　38%　　　55%

言語　　　　非言語

【レシピ21】

「坊主憎けりゃ袈裟まで憎い」より「あばたもえくぼ」

　自分が相手に対してどのような感情を抱いているかによって、その人との対人関係は決まります。

　例えば、いったん誰かのことが好きになったら、その人のどのような容貌や言動のマイナス点も好意的な見方をします。「あばたもえくぼ」です。

　これは、決して恋心を抱いた相手だけではなく、友人や同僚や親など誰に対しても言えることです。正確な判断を迷わすとも言えますが、肯定的な人間関係を築くためには役立ちます。

　これとは反対に、相手に不快な感情を持っていると、その人に関係のあるものすべてが憎らしく、相手の人が何をしても不快感を抱きがちです。「坊主憎けりゃ袈裟まで憎い」です。

　もし、この不快感が誤解から始まったもつれだったら悲しいですね。これらの感情は**ラケット感情**と言い、幼い頃に親の承認を得るために身につけた感情です。本来の感情とは違うのでニセの感情とも言われます。今の問題解決には何の役にも立ちません。

　対人感情はいったんこじれるとなかなかうまく修復できません。それも厄介な事に、ほんのちょっとしたことのほうが、その後、ずっと気まずい関係になる場合がよくあります。

【レシピ21】 ⇒ 親を好きになることと自分を好きになることはイコールです

その理由は、お互いに取りたてて話題に出すほどでもないのであえて口に出さないために、かえって、心のわだかまりとして心に残るのです。

特に、ほんのちょっとしたことでもつれるのが親子関係です。他人だったら、その人と距離を置けば良いわけですが、親子はそういうわけにいきません。

私が耳にした実話をお話します。

数年前に、あるお葬式に参列した時のことです。涙を拭っている初対面のMさんと話す機会がありました。私は無くなった人の知り合いだったのですが、横に居たMさんが初対面の私に話しかけてきました。

「父は"顔も見たくない"と思っていた人でした。長い間連絡も取っていませんでした。ところが、亡くなったのを知った時に、もしかすると父が反面教師となり、私はこんなに強く成長できたのではないだろうか……と心の幕が一気に晴れ、陰からそっと焼香しにやって来た」

とおっしゃったので、初対面の私は驚きました。身も知らずの私にこのような重大なことを話されたのは、彼なりの懺悔の気持ちだったのでしょう。

「私にも似た経験がありますよ」とお伝えしました。多くの人は、若い頃はいろいろ親との間に葛藤があるものです。

　事実である出来事を、チクチクとして心の引き出しに溜めるか、ほかほかとして貯めるかは、自分自身の物事の捉え方次第です。

　幼い頃のように、親子はどんな時も心を開いて本音で語り合うことによって、「あばたもえくぼ」になり、ほかほか感が貯まり最高の親孝行になります。

　ただし、この前提にあることは、今の自分自身を肯定できていることです。

> 「坊主憎けりゃ袈裟まで憎い」より
> 「あばたもえくぼ」。親を好きになることと
> 自分を好きになることはイコールです。

≪ちょこっと心理学【ラケット感情】≫

　幼児期において、自由で伸び伸びした本当の感情を表現しようと思った時に、その感情を親が受け入れてくれない時がある。このような非力な幼少期に、幼い判断力のもと、親に受け入れてもらえ、生き残るためにどうすればいいかを試行錯誤し身につけた感情を【ラケット感情】と言う。いろいろなストレス状態に陥ると経験する馴染み深い不快な感情である。【ラケット感情】は、成人の問題解決としては不適切である。

　例えば、自分が何かを失敗して、本来なら悲しい時に、周りに対して"怒り"を感じる時がある。これは、幼い頃、悲しんでいると、例えば「メソメソしないの」「弱い子は嫌い」などと親に言われ、周りを否定して強く出た時に、親が褒めて受け入れてくれたと感じたとする。すると、その子は本来なら悲しい時に、回りを否定する感情を身につけるのである。

第4章

社会人としての自分を upgrade する

多種多様な人が混在する社会において、各自が好き勝手に振る舞っていたら、いろんな衝突が起きます。そんな社会において自分自身が居心地の良い場を確保するには、社会人としての人間関係のルールを知っていると迷った時の目安になります。

例えば、フルコース料理を頂く時は、結婚式や会社の接待などの特別な機会がほとんどでしょう。料理を味わうというより、その場を快適な状態で過ごすことが優先されます。その為には、テーブルマナーを知っていることが、ストレスを軽減し美味しい料理を味わうための前提条件となります。

これと同様に、社会人として振る舞う場合は、仕事や親戚の付き合いの場面でしょう。本音で付き合うというより、マナーやしきたりに基づいてその場の雰囲気を壊さないように行動することが優先されます。その為には、職場においてはビジネスマナー、親戚付き合いにおいてはしきたりを知っていることが、ストレスを軽減し快適な社会生活を送るための前提条件となります。

第4章では、フルコース料理ではテーブルマナーが重要視されるように、社会人として重要なマナーやしきたりについて考えます。

【レシピ22】
"人を判断する五つの関所"を上手に通過しよう

"人を判断する五つの関所"とは、その時点で何らかの問題があると、それ以降の人間関係の近づきは出来ない関門のことです。

一般に言われる関所は、交通の要衝にあり、防衛や、通行人や物品の検査に当たった所で、何らかの問題があるとそこでストップされ、それ以降には進めないのと同じです。

この"人を判断する五つの関所"を無事通過するために重要であるのが、ビジネスマナーの体得です。

もし、ビジネスマナーを体得していないと、「あの人は挨拶ひとつまともにできない」「だらしないなあ」「名刺の渡し方も知らない」「常識がないね」などと、本人が無意識で行なっているほんのちょっとした自己流の振る舞いがマイナス評価になります。すると、いくら仕事ができても社会人として認められません。

また、自分自身も立居振舞に不安を抱きながら人に接していると、親密な関係を築くことができずストレスが溜まります。

一方で、「人は外見より中身が大切」「人は見かけによらぬもの」とよく言われますが、本当でしょうか。例えば、いつもだらしない格好をして挨拶もしない人が、すごい知識人だとします。あなたはその人からいろいろ教えてもらいたいと思いますか。この人は、いくら良い人であっても、"人を判断する五つの関所"を無

事に通過できていません。

　では、五つの人を判断する関所を説明しましょう。

　まず"第1の関所"では、相手を写真で見るように静止画の状態で判断します。どんな身なりをしているか？　髪型は？　この場にふさわしい服装？　など視覚から入る情報です。この状態を受け入れることができないと、ここで人間関係はストップします。

　次に"第2の関所"では、"第1の関所"を通過した人を、表情や立居振舞など無声動画の状態で判断します。笑顔は？　表情豊か？　だらだらしていない？　メリハリがある？　など視覚から入る動きです。この状態を受け入れることができないと、ここで人間関係はストップします。

　"第3の関所"では、"第2の関所"を通過した人を、挨拶や簡単なコミュニケーションの取り方などの簡単なやり取りを有声動画の状態で判断します。相手にふさわしい挨拶の仕方をしている？　敬語を使っている？　礼儀正しい？　など基本的な言葉遣いです。この状態を受け入れることができないと、ここで人間関係はストップします。

　"第4の関所"では、"第3の関所"を通過した人と簡単な会話を1対1でします。言葉のキャッチボールが快適に出来るか？　誠実か？　など対面コミュニケーションの始まりです。この状態を受け入れることができないと、ここで人間関係はストップします。

"第5の関所"では、"第4の関所"を通過した人といろんな話をしながら、さらに関係を深めます。この段階で初めて、それまでの人生経験を活かしたお互いの人間性が現れます。この状態が受け入れられないと、人間関係は仕事上の付き合いでストップします。

　この"五つの関所"を無事通過できて初めて、ありのままのコミュニケーションが取れるのです。たとえ間違ったことを言っても、不快なことを言っても、お互いに話し合いの中で解決できます。

人を判断する関所

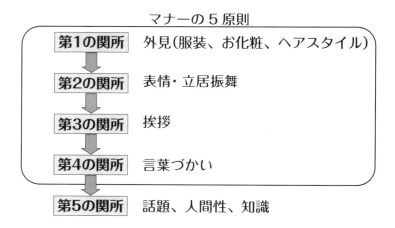

マナーの5原則

第1の関所	外見（服装、お化粧、ヘアスタイル）
第2の関所	表情・立居振舞
第3の関所	挨拶
第4の関所	言葉づかい
第5の関所	話題、人間性、知識

　ビジネスマナー教育というと、「言われなくてもできるよ」「形ばかりにこだわって」などと軽く扱われがちです。しかし、ビジネスマナーを身につけるとは、相手に少なくともマイナスの影響は与えないようにする大切なことです。

　たとえば、アメリカに移住したとしたら、共通語としての英語を習得することが生活を楽しみ親密な交流ができるようになる為の第1条件になります。これと同じで、ビジネスマナーをしっかり身につけることは、社会人としての共通語を習得することになります。

　すると、上下関係、顧客関係などの人間関係のストレスが軽減し、自信と余裕を持って、堂々と振る舞うことができるようになります。かつ、自分の能力を活かした仕事ができるようになるための社会人としての最初の登竜門です。

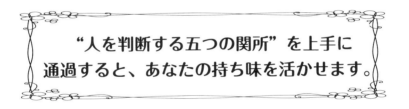

"人を判断する五つの関所"を上手に通過すると、あなたの持ち味を活かせます。

≪ちょこっと心理学【人を判断する関所】≫

　相手の人を心理的に受け入れることができるかを判断する要因を、時間の流れに沿って五つに分け、各段階を"関所"となづけた。マナー研修は、この中で第4までの関所を無事通過するために、社会人になって最初の段階で実施される。一般に言われる関所と同様に各関所を無事通過できないと、人間関係は次の段階に進むことはできない。

【レシピ23】
社会人としての共通語・ビジネスマナーを体得し堂々と振る舞おう

　ビジネスマナーをどれくらい身につけているか、日ごろの立居振舞をチェックしてみましょう。下記のチェックリストは、社会人としての常識内容で、特別難しい項目はありません。知っているだけではなく、完全に体得して始めて4番目までの関所を通過でき、社会人としてのスタートが切れます。

　もし、できていないと思う項目があったら、意識的に自己成長を図りましょう。ビジネスマナーの体得は、無意識に行なっている行動に理性を加味し、TPO に合わせた行動**オプション**を持ち選択肢を増やすことです。

　1冊マナーの本を購入して、毎日1項目ずつ体得できるまで実践することをお勧めします。

	項目【5点満点】	点
1	清潔と清潔感の違いを理解して考えている	
2	トイレで、毎回全身の洋服をチェックしている	
3	爪の手入れを心がけている。深爪はしていない	
4	飲食・喫煙のあとにうがい、歯磨きをしている	
5	公的な場では、控えめな服装を心がけている	
6	出かける前に、服装の匂いチェックをしている	
7	言葉を発する時は、笑顔から入る	

8	表情トレーニングを毎日している	
9	表情豊かに会話している	
10	話を聞く時は、相槌・頷きを意識している	
11	話を聞く時は、相手の目を見て聞いている	
12	話す時は、相手と正対する	
13	誰とでも自分から挨拶するように心がけている	
14	目が合ったときは笑顔で応えている	
15	相手との距離によって、発声を変えている	
16	お辞儀の時には、背筋を伸ばしている	
17	名刺の正しい渡し方を実行している	
18	姿勢よく胸を張って前方を見て歩いている	
19	鋭角的な動きを心がけ、だらだらしていない	
20	立っている人と話す時は、立って対応している	
21	物の受け渡しは必ず両手で行なっている	
22	手や身体を無駄に動かしていない	
23	座っている時も、背筋は伸ばしている	
24	立っている時、一直線の姿勢を心掛けている	
25	友人以外の人とは「です・ます」調で話している	
26	お客様に合わせた話し方を心がけている	
27	「有り難う」という言葉を多用している	
28	人の話は最後まで聞き、途中で口を挟まない	
29	会社では、部下でも「さん」付けで呼んでいる	
30	正しい敬語の使い方をしている	
合計点：	／150点満点	

社会人としての共通語・ビジネスマナーを体得し堂々と振舞うと、対人関係に余裕が生まれます。

≪ちょこっと心理学【オプション (option)】≫

　オプションとは、S. カープマンが提唱した、**自我状態**を TPO（時間・場所・状況）に合わせて自由自在に使いこなす選択のことである。交流の**オプション**の目的は、現在起こっている状態を変え、その関係から脱出することである。方法としては

　　　①一方又は双方の**自我状態**を変化させる

　　　②その交流は交差させなくてはならない

　　　③話題は変えられなければならない

　　　④以前の話題を忘れる

　ヴァン・ジョインズは、①②を基本的な**オプション**と言っている。私たちは慣れ親しんだコミュニケーションの取り方があり、何かに支障をきたしてもその状態に固執しがちである。しかし、一つの状況において人それぞれ対応の仕方が違うように、交流の仕方は何通りもあり、その関係から脱出したいと思ったら、違った関わり方をすればよいのである。

【レシピ 24】
多様な心のキャッチボール法を身につけよう

　21 世紀は、専門性を持った個性豊かな人たちの " 協同活動の時代 " と言われています。個性豊かな人々が入り混じって社会生活を送っている社会で、私たちは、無意識のうちに言葉を発したり、結果を考えず行動していることが多々あります。

　その言葉や行動に焦点を当ててみましょう。

　同じ場面においても、人によって取る言動はさまざまです。自分以外の人がその場に居たとしたら、その人は違った言動を取り、後の状況は変わっていたでしょう。

　試しにいつもと違う言動をしてみると、刺激と反応の連続である人とのやり取りは、その後の人間関係をも変えます。

　ではまず、話しかける立場の人から考えて見ましょう。例えば、あなたが見たい映画があって、忙しい友人を誘う時に、

① 「週末に映画に行かない？」と言ったら、「ごめん、忙しい」
　　などと返答が戻ってくるかもしれません。

② 「すごく見たい映画があるの。あなたと一緒に行けたら、最
　　高にうれしいなあ」と言ったら、気を良くした相手は、「そ
　　こまで言われたら……じゃあ、ちょっと予定を変更して付

き合うよ」

③「今週末、時間空いている？　どうしても見たい面白そうな
　映画を上映してるの」と言ったら、相手は関心を持って、
　「ええ？　どんな映画？」

　今度は応える立場の人から考えて見ましょう。「週末に〜の映
画に行かない？」と言われて断る時に、

①言葉だけに反応すると「行かない」

②相手の気持ちを考えて反応すると、「誘ってくれて嬉しい。
　どうしてもの用事があるので、別の日ではだめ？」

③行きたくない自分の気持ちを素直に出して「その映画は好き
　じゃない」「暇ねえ」

　どの言動が良い悪いかを言っているのではありません。同じ状
況においても言い方を変えると相手の反応も変わります。そして、
その後の人間関係が変わるということです。

　もし、あなたが、相手との人間関係を変えたいと思ったならば、
「よし、一度、こんな言い方をしてみよう」と、いつもと違った
パターンを試してください。今までとは違った人間関係が生まれ
ることに気づくでしょう。

　状況に応じて、ちょっとやり取りを意識してみましょう。自分

が発する言動を変えると、自然と相手の言動も変わります。相手にばかり、このように関わって欲しいと無駄な思いを持ってストレスをためないことです。

刺激・Stimulus

P→P：第三者やモノ、事柄などの批判や賞賛をする

P→A：相手の理性に向けて、提示したり、意見を述べる

P→C：上の立場から、命令したり、相手の気持ちに向けて、励ましたり、ねぎらったりする

A→P：理性的に相談したり、自分の意見を上申したりする

A→A：情報を伝えたり、質問したり、日常的なあいさつをする

A→C：相手の気持ちをくみ取る

C→P：甘えたり、すねたり、反抗したり、お願いする

C→A：自分の思いを伝えたり、理解してほしいと願う

C→C：相手の理性に向けて思いを伝えたり、自分の気持ちを理解してもらおうとする

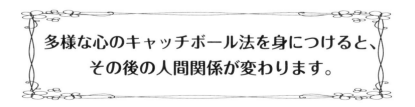

多様な心のキャッチボール法を身につけると、
その後の人間関係が変わります。

≪ちょこっと心理学【やり取り分析】≫

　交流分析では、会話の一往復を1ユニットと考え、Ⓟ Ⓐ Ⓒを使って、対人関係の中で会話がどのような意味を持っているかを図で表わし見える化する。

　やり取り分析を学ぶことによって、必要に応じて、
　①自分や相手の対話の傾向を理解することができる。
　②意識的にTPOに応じた会話が出来るようになる。
　③相手が望んでいる言葉を返すことができるようになる
　など、その場の会話の主導権を取ることができる。

　言葉による交流の仕方は、バーンの「コミュニケーションの3原則」に基づき、3種類の交流に大別する。

　相補交流：言語と非言語が一致していて、期待通りの返答が戻ってくる交流。期待通りの言葉が返ってくるので、お互いに分かり合えているという安心感があり、会話が続く。しかし、時間がない時や不快な会話が続いている時は、話を中断したくなる。

　交差交流：言語と非言語は一致しているが、期待に反した返答が戻ってくる交流。会話を中断したい時に有効なやり取り。しかし、話が中断された相手は違和感を持つ。

　裏面交流：言語と感情に不一致がある交流。人間は、『感情の動物』と言われるように感情と言葉が不一致の場合は、言葉の背景にある感情が優先する。

【レシピ25】
心のキャッチボールの名プレイヤーになろう

　会話における名キャッチャー＆名ピッチャーとはどんな人のことを言うのでしょう。

　野球で名キャッチャーと言うと、相手がどんな投球をしても、上手にキャッチできる人です。

　会話における名キャッチャーも野球のキャッチャーと同じです。

　人は言葉を発した時点で、無意識のうちに、「こんな言葉を返して欲しい」と相手に期待しています。たとえば、誰かが「今、何時ですか？」と聞いた時は、無意識のうちに、聞かれている理由を正確にキャッチし「〜時です」と返答します。

　普段は無意識であっても、ほとんどの場合、上手に言葉のキャッチボールできているので、人とのコミュニケーションがスムーズにできています。ところが、時々、予想外の返答が返ってきて、「あれ？　どうして、そんな受け取り方をするの？」などと思うことがありませんか？

　たとえば、「今、何時ですか？」と聞いた時、投げかけた言葉の意味をありのまま理解してもらえず、「時計ぐらい持っていないの？」などと返されたら、期待した言葉ではないので、一瞬心が止まってしまいます。

上手な会話のキャッチャーになるには、「相手が期待している返答は何か?」と考えて、その期待に沿った言葉を返してみましょう。これを**相補交流**と言います。これは、決して相手に迎合しているのではなく、自分が人間関係の主導権を取っているのです。

　でも、言葉を返す時に毎回、相手が期待していることを考えていては疲れますね。

　そこで、自分に心の余裕がある時や、話しかけられた言葉に、ちょっと違和感を感じた時は、一呼吸おいて、「自分だったらこんなことを言ってほしい」と思う言葉を返してみましょう。

　今度は、会話における名ピッチャーについて考えましょう。

　野球で名ピッチャーと言うと、バッターが構えていない所に投球できる人ですが、会話における名ピッチャーは、相手が構えている所に言葉の投球をコントロールできる人で野球と正反対です。

　相手が無意識に期待している言葉を投げかけることができたら、構えている相手との心の距離はぐっと近づきます。

　たとえば、元気が無いように見える友人に、「ちょっと元気が無いみたいね。飲みに行く?」と言ったら、相手は心より感謝をするでしょう。

　だからと言って、いつも相手に合わせてばかりだと、自分自身がストレス過剰になってしまいます。

　そこで、自分が心の余裕がある時や、相手の感情が大きく動いていると思った時に、相手が望んでいるだろうと思う言葉を考え投げかけてみましょう。

　会話の名キャッチャー＆名ピッチャーは、決して、相手に迎合しているわけではありません。その後の人間関係において主導権を取ることができるとても大切な方法です。

心のキャッチボールの名プレイヤーになると、
コミュニケーションの主導権が取れます。

≪ちょこっと心理学【相補交流】≫

　相補交流は、言葉の発信者の期待通りの返答が、相手から裏面なく戻ってくる交流である。そのため、発信者は分かってもらえているという満足感があり、理論上、会話が続く。

　ただし、やり取りの内容が不快に感じたり、話を早く切り上げたい状況の時など、話を中断したい時は**相補交流**は適さない。この場合は**交差交流**を使う。**交差交流**とは、言葉の発信者の期待に反した返答が、相手から裏面なく戻ってくる交流である。発信者は「あれ？」と心が止まり、理論上、会話が中断する。

（例１）　S:「企画書を作りましたので見て頂けますか」

　　　　　　　　　　（認めて欲しいという期待感あり）

　　　　　R:「なかなか良く書けてるね」（期待通り）

（例２）　S:「契約書はチェックしてから提出しなさい」

　　　　　　　　　　（反省して欲しいという期待感あり）

　　　　　R:「申し訳ありません。気をつけます」（期待通り）

（例３）　S:「軽く一杯、飲みに行こうよ」（期待感あり）

　　　　　R:「いいね。いいね。行こう」（期待通り）

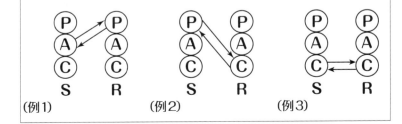

【レシピ 26】
言葉と心の多重放送を上手にキャッチしよう

　人間は、「感情の動物」と言われるように、オギャーと産まれた時から、豊かな感情を持っています。

　ところが、成長とともに言葉を理解できるようになると、いつの間にか、感情は理性の奥に深く隠れて、言語に頼って物事を理性的に理解しようとします。本人も自分の感情にほぼ気づいていません。

　ところが、感情と理性の間にギャップが生じると、先に身につけた感情が優先します。

　たとえば、あなたの今の気持ちは？　と尋ねられると、「ええーっと、」としばらく考えて応えるでしょう。ほとんどの人は、自分の感情をほぼ意識しないで日々の生活を送っているのです。

　嬉しかったり楽しかったりする良い感情は、無意識のうちに外にほとばしり出てくるので問題ありません。

　しかし、不快な感情は、なかなかストレートに出せず内面に溜まり、ある日突然に風船のように爆発します。外面に吹き出ると、「キレる」という現象です。「いい加減にして！」「もういい！」などと言う言葉を耳にしたことはありませんか。

　また、内面に吹き出ると、「うつ」現象になります。いやなこ

とばかり思い出し眠れなくなったり、いつも暗い重い気持ちが続いたり、食欲がなくなったり、ついには自分では対処できなくなってしまいます。

　では、このような溜まった不快な感情には、どのように対処すると良いでしょうか。

　感情は、表情や態度や声の調子などの非言語の部分に現れるので相手を良く見て会話をすることです。たとえば、「今日仕事が終わったら、一杯飲んで帰ろう」と暗い顔で言った同僚がいました。

　言葉だけに反応して「いいねえ」と言っただけでも良いのですが、暗い顔から感情を読んで、「なんかちょっと疲れているみたいね。よ〜し、飲もう」と明るく応えたとしましょう。

　つまり、言葉の背景に隠れた感情に向かって言葉がけをするのです。言葉と心の多重放送をキャッチするということです。

　本当に伝えたいことは、言葉より抑えている感情にあるのでそこに焦点を当ててくれた相手に「この人に声をかけて良かった」と心から感謝するでしょう。

　その結果、相手は、無意識だった自分の感情に気づき、あなたとの心の距離をグンと縮めることでしょう。

言葉と心の多重放送を上手にキャッチすると、相手との距離がぐっと縮まります。

≪ちょこっと心理学【裏面交流】≫

　言語と非言語のメッセージが不一致で、言葉と感情との間に違った意味合いを持った交流のこと。

　バーンのコミュニケーションの第3原則『**裏面交流の行動結果は、社交のレベルではなく、心理的レベルで決定される**』に基づいており、言葉より感情が優先する。

　裏面は非言語に現れることが多く、本音、意図、感情など真意のメッセージが含まれる。本人は無意識の場合が多いが、相手は、「何か心に隠していることがあるのでは？」と感じる。その為、相手の非言語に注意を払うことが、相手の行動を理解し予測するうえで非常に重要である。

言葉の背景にある感情に注目する

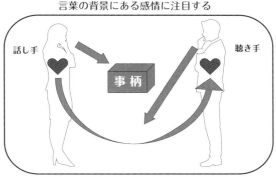

【レシピ27】
接し方はソリッドよりリクイッドにしよう

ある日の担当者Aと取引先Bとの会話です。

A「本日が最終打ち合わせですが、この合意条件に何かご意見はありますか」
B「いつまでにお返事が必要でしょうか？」
A「そうとう御社の意向は取り入れているつもりです」
B「上司が今週いっぱい出張なんです」
A「来週中には契約をしたいと思っています」
B「私としては契約内容に意義はありませんが」
A「次回の打ち合わせは、来週の木曜日でいいでしょうか」
B「上司が戻ってきましたら合意条件を伝えます」
A「ではご連絡をお待ちいたします」

担当者は、早く契約を終わらせたいと思っていますが、取引先は、自分の上司の意見が気に掛かっています。これでは、お互いに言いたいことだけ言って、相手の話していることに全く答えていず、言葉のキャッチボールになっていません。

このような会話を**逸脱した交流**と言います。お互いに、相手と何を話しているのかではなく、頭の中は自分の思考で固まって異なる論点を述べています。ためしに相手が言ったことを一度受けて言葉を返し、次に自分が言いたいことを言うとどのようになるでしょうか。

> A「本日、最終打ち合わせにしたいと思うのですが、この合
> 　意条件に何かご意見はありますか」
> B「私はありませんが、上司の意見を聞く必要があります。
> 　いつまでにお返事が必要でしょうか？」
> A「今月末です。そうとう御社の意向は取り入れているつも
> 　りです」
> B「ご配慮を本当に感謝しています。上司が今週いっぱい出
> 　張なんです」
> A「それでは仕方がありませんね。お戻りまで待ちましょう。
> 　来週中には一度打ち合わせをしたいと思っていますので
> 　よろしくお願いします」
> B「来週中に一度打ち合わせの件、了解しました。上司が戻
> 　り次第申し伝えます」
> A「よろしくお伝えください。ご連絡をお待ちします」

　このように、まず始めに相手の言葉を受けとめて相補的に返し、次に自分の意見を言うだけで、お互いに、立場や状況を分かり合えているなあと感じ、この商談は上手くいくことでしょう。

　同じ場面でも、人によって受け答えの仕方が違うように、交流の仕方は何通りもあります。上手くいかないひとつの方法にこだわる必要なく、全く違った応答をすればいいのです。相手の言っていることはどういうことかなと自分の固まった思考から脱してみると、いろんな気づきに出会います。

　硬い物は落とすと壊れやすいですが、やわらかいものはなかな

か壊れません。人間関係も、ソリッドより壊れにくいリクイッドです。

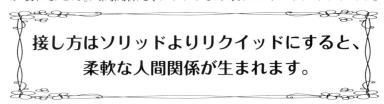

≪ちょこっと心理学【逸脱した交流（Tangential transactions）】≫

　刺激と反応が異なる論点を述べるか、または、同じ論点の違った側面を取り上げて交流することを、**逸脱した交流**という。この交流は、脚本による無意識の応答であり、相手が言ったことに反応せず、違った視点から返答する。

　このやりとりは論議されている論点から常に論点がスキップ的に移動していくので、目的の論点は述べられないままとなる。

（事例）A：「あなたが車を洗って」
　　　　B：「私は皿洗いをしたいなぁ」
　　　　A：「お隣の息子さんはハンサムねえ」
　　　　B：「彼はアメリカに栄転だってね」
　　　　A：「夜何を食べる？」
　　　　B：「昼はカレーを食べた」

　また、問題点の定義付けについて異なる意見を持ち、問題を取り上げることをさせないやり取りを**阻止する交流**（Blocking transactions）という。

（事例）A：「隣のご主人は働き者ね」
　　　　B：「自分は毎日残業をしているよ」
　　　　A：「お隣、車を買い替えたみたいね」
　　　　B：「それで？　言いたいことは？」

【レシピ 28】
バイリンガルからトライリンガルへアップしよう

　2 ヵ国語を話せる人をバイリンガル、3 ヵ国語を話せる人をトライリンガルと言います。ただし、今からの話は、語学のことではありません。交流の仕方を言葉だけに頼らず複数持つことです。

　人類が霊長類の長になれたのは、文字の発明によると言われます。つまり、言葉を使ってコミュニケーションを取ることができるようになったからです。

　ところが、近年、人とのやり取りを言語だけに頼りすぎている気がします。mail、facebook、blog、twitter など、いつどこに居ても、相手が今何をしていようとも、自分の言いたいことを一方的に文字で送ることができます。文字だけではうまく表現できない時は、絵文字やスタンプで補っています。

　しかし、本来の人間関係は、相手と対面して相互のやり取りがあって始めて解り合うことが出来るのです。

　私がメールだけに頼り過ぎたことによる失敗事例をお話します。

　ある日、ちょっと疲れているかなと思う友人が居たので、「大丈夫？　何かあったら言ってね」とメールをしました。ところが返事がきません。ますます心配になって、再度「大丈夫？」とメールをしました。

すると数日経って、「そっとして置いて！　メールはいらない」ときついメールが来たので驚きました。私が気分を害することをしたのだろうかと悩みました。

　後日談ですが、この時、友人はあるトラブルに巻き込まれていて、自分も他者も誰も信じられないという強い不信の**人生態度・第４の立場**に居たのです。メールを打つ気にもなれず、気遣われると自分が惨めになるばかりなので、黙って見守ってくれるか、黙ってハグしてもらって安心感だけ欲しかったとのことでした。

　誰とも話したくなくそっとしておいて欲しい友人、親友が落ち込んでいるので心配でたまらない私、どちらも、相手に悪感情は持っていないのです。この相手とは、今は、以前より解り合える親友になっています。

　もし、会って話していたら、相手の表情・態度などで、お互いにもっと状況がわかり理解し合えたことでしょう。対面すると、言語だけではなく、非言語（表情・態度）でも交流できるので、バイリンガルです。

　さらに、交流分析の学びをちょっと思い出したら、相手の心を読み違えないで、もっと活き活きしたやり取りができるでしょう。言語＋非言語（表情・態度）＋交流分析で、トライリンガルです。

　いろんなコミュニケーション手段が開発され、便利になりましたが、再度、言語＋非言語＋交流分析のトライリンガルの有用性を見直してみましょう。きっと、人間関係が豊かになります。

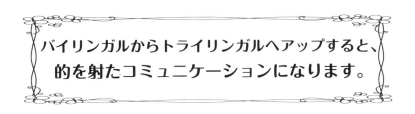

バイリンガルからトライリンガルへアップすると、
的を射たコミュニケーションになります。

≪ちょこっと心理学【人生態度】≫

　乳幼児期に、両親とのふれあいを通して身につけた自分や他者に対する基本的な捕らえ方、あるいは、それに基づく自己像や他者像のことを、**人生態度**と言う。

　一人では生きていくことができない乳幼児は、母親に見放されないように、未熟な判断力で母親に受け入れてもらうにはどうすれば良いか必死に試行錯誤する。そして、自分を否定的（Ｉ－）に捉えるか、相手を否定的（Ｕ－）に捉えるかを決めていく。

　フランクリン・アーンストは、これらの態度を「ＯＫコラル」としてマトリックスに表わした。
　心地良いイメージに繋がる捉え方を "OK"、否定的な見方や、不快なイメージに繋がる捉え方を "not OK" と表わす。自分に対する OK と not OK、他者に対する OK と not OK の組み合わせで、四つの態度に分けて、" 第 1 の立場 "" 第 2 の立場 "" 第 3 の立場 "" 第 4 の立場 " とした。

私にとってあなた(U)はOKである

<table>
<tr><td colspan="2">私にとって私(I)はOKでない</td></tr>
</table>

私にとって私(I)はOKでない

第2の立場 (get away from) ～からの逃避の憂鬱な立場 **I－U＋** 自己否定。自信がない。控え目。 自分は劣っている。他者に依存。 自己犠牲。存在しないほうが‥	第1の立場 (get on with) 共存共栄の健康な立場 **I＋U＋** 信頼関係。積極的。 人生活き活き。協力共存。 ありのままにふるまえる
第4の立場 (get nowhere with) 行き詰まりの不毛な立場 **I－U－** 世の中真っ暗。誰も信じられず。 消え去りたい。問題に圧倒される。 見捨てられ感。他者不信。孤立感。	第3の立場 (get rid of) 独善排他の全能者的立場 **I＋U－** 他者否定。万能感。被害妄想的 他者を排除。自意識過剰。 指示命令。比較。自分本位。

私にとって私(I)はOKである

私にとってあなた(U)はOKでない

OKコラル(Franklin Ernst)

　例えば、他者を非難したり、怒ったり、過保護になったりしている時は、「you are not OK」、自信を無くしたり、不安になったりしている時は「I am not OK」である。

　私たちは、乳幼児期に親とのかかわりの中で四つの**人生態度**のうちのひとつを強く身につけ、成人期になった今も感情・思考・行動の根底に持ち続けている。

　ただし、成長とともに感情に振り回されず理性的に振る舞えるようになり、徐々に自他肯定の時間にいることが増えてくる。

　他者と良いコミュニケーションを図る為に、自他肯定の OK/OK の立場にできるだけ長くいて、心地よい信頼関係を構築することが**人生態度**の学びの目標となる。

【レシピ 29】
食物飢餓より辛いストローク飢餓にならない

　たとえば、何かの状況で食べ物がなく飢餓状態になった時のことを想像してください。

　空腹をしのぐために、たとえ腐っていても、食べられそうな物は、何でも口に入れるでしょう。その結果、さらに体調を壊し、生命に害を及ぼすことになっても飢餓状態には耐えられないのです。

　それと同じく、自分の存在を肯定的に認めてくれる働きかけ**ストローク**が非常に不足すると、不安を感じ、たとえ不快な**ストローク**であっても、自分の存在を確信したいがために欲しいと思うようになります。悪いことであろうが嫌われようが何でもして、自分に目を向けてもらおうとします。

　悪戯をしたり、ミスを犯したり、遅刻をしたり、軽犯罪を犯したり、叱られるような行為を繰り返すのは、**ストローク**飢餓の始まりです。

　ストローク飢餓は食物飢餓より辛いことです。なぜなら、食物は自分自身で探索して得ることがきますが、欲しい**ストローク**は、相手から認められて初めて得られるもので、自分ひとりでできることではないからです。

たとえば、仕事を頑張っても誰も認めてくれない、グループに入りたいと思っても入れてもらえない、家族同士の会話がなくよそよそしい時など、**ストローク**の欠乏状態になります。

　この状態が長く続くと、どんなことでもして自分の存在を認めて欲しいと思う**ストローク**飢餓になります。信じられないでしょうが生命にも影響を及ぼすことは、記録に残ってます。

　誰でも**ストローク**飢餓になりたくないですね。そう思っても、相手から認められて初めて**ストローク**を貰えるので、なかなか自分の思い通りにはなりません。では、どうすればいいでしょうか。その方法を二つお伝えします。

　まず一つ目は、相手に欲しい**ストローク**を要求するのではなく、自分から周りの人たちに肯定的**ストローク**を与えることです。

　肯定的**ストローク**を人に与えると、相手の人は、"認めてもらえた　→　嬉しい　→　あなたに対して好感を持つ　→　相手も**ストローク**を与えるようになる　→　あなたと相手の関係が良くなるという構図が成り立ちます。

　ストロークを欲しいと思ったら、自分から周りの人に沢山与えてください。相手に不快感を与えるより、相手を肯定して好感を与えるほうが良いことは明確です。あなたが貰って嬉しいと感じる働きかけを相手にすれば、自然とあなたにも肯定的**ストローク**が戻ってきます。

元気の良い挨拶、笑顔、優しい声がけ、プレゼント、……
決して難しいことではありません。

『ストローク』とは

"相手の存在を認めて行う働きかけ"

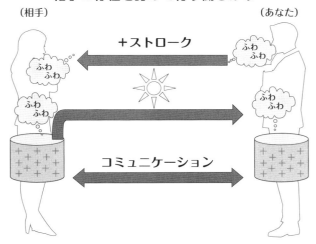

　ストローク飢餓にならない二つ目の方法は、日々の生活に上手に句
読点を打つことです。文章を書く時に打つ句読点と意味が似ています。
　会って話す場合は、結構長く一気に話しても対面なので、話し
方や表情の表現力が加味されるのでよく理解できます。

　しかし、書物の文章は言葉だけで表現しなくてはいけないので、
話をする時より的確に句読点を打つ必要があります。句読点が的
確に打たれていると、息切れしないで読むことができるし、内容
が良く理解できます。

この文章の句読点と同じく、人生の句読点とは、時々ゆっくり立ち止まって息継ぎの休養をし、息切れしない人生を送るために大切です。また、余裕をもって感動を味わう人生を送るために大切です。

　人生は長いので、息継ぎをしないで走り続けたり、ゆっくり立ち止まって休むことをしないと息切れをしてしまいます。また、けじめ無くダラダラと人生を歩んでいると自分が感動を味わう生き方は出来ません。

　ところが近年、周りで見ていても息苦しくなるぐらい日々何かに追われているように、忙しく動き続けている人が増えている気がします。この人たちは、心のどこかに不安があるために、余裕なく一生懸命動き続けることによって**ストローク飢餓**になることをさけるという悪循環のスパイラルに入っているのです。

　そこで、息切れする前に休息を取ったり（人生の句点）、ひとつ事が終わったらゆっくりその成果を味わったり（人生の読点）、日々の過ごし方に的確な句読点を打ってみませんか。きっと、心に余裕をもたらし、更に良い成果に繋がることでしょう。

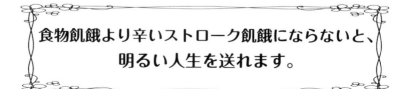

食物飢餓より辛いストローク飢餓にならないと、明るい人生を送れます。

≪ちょこっと心理学【セカンドチャンス】≫

　成長期に十分な**ストローク**を与えられないと、どのような障害になって表れるかを示す記録映画に『セカンドチャンス』がある。

　この映画に取り上げられているスーザンがメモリアル・ホスピタルに連れてこられたのは1歳10ヵ月の時だった。しかし、体重は5ヵ月児、身長は7ヵ月児ぐらいで、その歳では出来ているはずの、立居振舞が出来ず、人とのコミュニケーションも取れなかった。病名は「母性的な愛情欠乏症候群」で、発育不全の原因は母親からの**ストローク**不足であると考えられた。

　そこで、ベビーシッターが1日6時間、週に5日間、抱いたり、あやしたり、身体的、精神的な**ストローク**を与え続けた結果、わずか1ヵ月弱で驚くほど改善した。約2ヵ月で、体重は2.7kg増え身長は約5cm伸び、立って歩けるようになり、面識のない人とも接触できるようになった。

　この映画は、極端な**ストローク**不足が続くと、精神的成長、身体的成長にまで強い影響が出るということ示している。

【レシピ 30】

わかっていてもやめられない
"いや〜な関係"を少なく、軽くしよう

　私たち誰もが、社会人として理性的に振る舞い、良い人間関係を築きたいと望んでいます。それにもかかわらず、上司や同僚と不快な関係になったり、友人と喧嘩をしたり……。思いとは反対に、不快なやり取りは、なかなか無くなりません。どうしてでしょう。

　その原因は、大きく分けて二つです。

　一つ目は、自分が欲しい**ストローク**を欲しい相手から欲しいだけ貰えないためです。一人ひとり考え方が違うので、欲しい**ストローク**と、もらう**ストローク**に違いが出てくるのは当然です。たとえば、仕事を頑張っているから認めて欲しい気持ちがあるのに、労りの言葉が貰えなかったり、叱られたりすると、何故なの？とストレスが溜まり不快になります。

　二つ目は、大人としての理性が働いていないのです。自分勝手な感情が優先し、現実の状況を無視しているのです。人間は感情の動物です。不快になったり、悲しかったり、気持ちがマイナスに大きく動いている時に理性が働かないと、感情のままに自分勝手に振る舞ってしまいます。

　もし、**ストローク**不足で、理性が働いていないと、無意識のうちに、手っ取り早く**ストローク**を得る方法を取ってしまいます。

不快であっても、濃厚な**ストローク**を求めるのです。

　相手に選ぶ人は、本能的に"不快なやり取りに付き合ってくれる人"です。お互いに本来の気持ちを裏面に持っているのに気づかずやり取りをするので、仕掛けられたほうは、始めはやり取りに付き合っていても、ついには「いい加減にしろ！」とキレてしまいます。そして、お互いにますます不快な関係になるのです。

　この一連の流れは、一般的に言われるゲームとよく似た流れがあるので**心理ゲーム**と言います。

遊びのゲームと似ているから【心理ゲーム】と言うんだ！

	遊びのゲーム	心理ゲーム
目的	暇つぶしが目的のこともある	暇つぶしが目的のこともある
予測性	勝ち負けがあると予測できる	どちらも不快になると予測できる
心の駆引き	ポーカーフェイス（本音を隠す）	ポーカーフェイス（本音を隠す）
ルール	ルールがある	ルールがある
繰り返し	繰り返しする	繰り返しする
転換	本音を出す瞬間がある	本音を出す瞬間がある
結果	ポイントを貯める	スタンプを貯める
理性	理性が働いている	理性が働いていない
後味	後味に良い／悪いがある	後味が悪い

　しかし、人は何故、良い人間関係を築きたい、心地良い**ストローク**が欲しいと思いながら、素直に言えず不快な関係になってしまうのでしょうか。

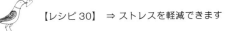

　そのルーツをたどると、幼い頃に養育者とのやり取りで身につけた性格の癖が影響しています。

　そこで、不快になりそうだなと感じたら、いつものパターンにならないように、自分の性格の癖に逆らって今までとは全く違った行動を取ってみましょう。

　ひとつの方法として、「ちょっとトイレに行く」などとその場を離れて TPO を変えることも良いでしょう。相手の予想外の方法で中断するのです。すると不思議。その後の結果が全く違ってきます。

　そして、心に余裕のある時に、自分の欲しい**ストローク**は何で、誰から、どのように欲しいかを考えましょう。相手に率直に自分の欲求を伝えることによって、自分自身で**ストローク**不足になって不快な関わりを仕掛けることがないように自己改善しましょう。

　ただし、不快でも**ストローク**を求めるのは、**ストローク**飢餓にならないためです。そのため、不快な**ストローク**を全くなくすと言うより、軽減し、回数を減らすことが大切です。

　普段からできる限り、感じていることを上手に表現するように練習することが、**心理ゲーム**を軽減することに繋がります。

わかっていてもやめられない "いや〜な関係" を
少なく軽くすると、ストレスを軽減できます。

【レシピ 30】 ⇒ ストレスを軽減できます

≪ちょこっと心理学【心理ゲーム】≫

　交流分析では『明瞭で予測可能な結果に向かって進行しつつある一連の相補的・裏面的な交流で、自我状態の転換とともに結末を迎え、一般的に言って後味が悪く繰り返し行われる交流』を「**心理ゲーム**」と言う。人とのコミュニケーションにおいて、その人特有の不快に繋がる交流パターンである。本音が言えず、言葉と感情にギャップがあり、なにか不快感を持ったまま会話が続き、やがて、どちらかが感情をあらわにして交流が途絶える。

　この交流は、お互いの**ストローク**不足と、理性が働いていないことが原因で起こる。そこで、日ごろから、率直なコミュニケーションを心がけ、状況の正しい把握が出来るようにしておくことが大切である。

心理ゲームの図式

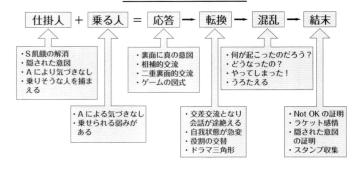

 遊びのゲームと同じように、ルールに従って予測可能な結果に向かって進行します

第5章

親（上司）としての自分を upgrade する

子どもにとって、一番近くにある環境が精神面のルーツです。特に幼い子どもにとって親は、何でも叶えてくれる神様や魔法使いのようです。その反面、自分の生命を脅かす大王や悪魔のようでもあります。

例えば、レストランに行くと、必ずと言っていいほどお子様プレートが用意されています。料理は栄養面も大切ですが、それ以上に子どもが喜ぶことが第一です。可愛いプレートに彩り良く子どもの好きな料理が飾り付けられ、子どもに安心安定感を与えます。

これと同様に、子どもにも一人の人間としての立派な人格があります。しつけ教育や勉強も大切ですが、それ以上に子どもの興味や好奇心を育てることが第一です。子どもの想像力を掻き立て、存在を肯定的に認めてあげ、安心安定感を与えることが重要です。

第5章では、子どもの安心安定感を育てるために、興味や好奇心を育てる接し方を探ります。なお、読者の中には、自分が親という立場を取っていない人も居るでしょう。その場合、「親」を「上司」、「子」を「部下」と置き換えて読んで下さい。人を育てる立場として、「親子」の関係は「上司・部下」でもほぼ同じことが言えます。

【レシピ31】
母親は子どもの守護神、
三つの"アイ"と三つの"プラス"で関わろう

　母親は、子どもにとっては空母艦のようなものです。大空に羽ばたいた後、戻る所であり、一休みする所であり、エネルギー補給する所です。そのためにも、空母艦は絶えずドッシリと構えていて、安心安全の場でなくてはなりません。

　この安心安全の場を作るのが、三つの"アイ"メッセージと三つの"プラス"メッセージです

♥三つの"アイ"メッセージ

・Ｅｙｅ（目）コンタクト
　　目は心の窓と言います。しっかり相手の目を見て、話の真意を聞き取りましょう。特に、語彙力が少ない子どもは、言葉だけでは十分に表現できない感情が表情や態度に表れます。子どもの心を正確に受け止めてあげましょう。

・Ｉ（自分）メッセージ
　　「誰々が言っている」「本に書いてある」と言うのではなく、親として自分はどう思うかを伝えましょう。子どもは親の率直な言葉を待っています。

・愛情のある関り方

　　一方的に考えを押し付けるのではなく、相手の成長を願って、愛情を持って関わりましょう。今言っている事は、自分のためではなく子どもを思って言っているか時々振り返ってみましょう。

♥三つの"プラス"メッセージ

・オプティミスト（楽観主義）

　　親が不安を持っていては、子どもはもっと不安です。「ケセラセラ」と心に余裕を持ちましょう。

・ポジティブシンキング（肯定的思考）

　　物事を「できない」からスタートするのではなく、「できる」からスタートしましょう。子どもに対して、「できない」と否定するのではなく、「できる」ことに声がけしましょう。

・＋のストローク（肯定的関り方）

　　子どもの心がニコッとする関わり方をしましょう。すると、子どもの心に**ふわふわさん**がどんどん溜まり、自己肯定感のある豊かな人生を歩んでいくでしょう。

　再度、米国の教育童話を訳したので紹介します。この話は、三つの"アイ"と"プラス"で構成されていると思うのですがいかがでしょうか。

　特に母親は、子どもにとって、どんな時も味方の守護神です。だから、

【レシピ31】 ⇒ 母親は子どもの空母艦です

　母親は自分自身も心に曇りがないように接し、心の窓といわれる相手の目をしっかりと見て、自分の言葉で愛情を持って接しましょう。

　これが、母親が子どもの空母艦であり、何があっても**基本的信頼**関係を保てる守護神であり続ける方法です。

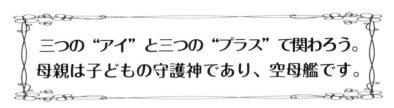

三つの"アイ"と三つの"プラス"で関わろう。
母親は子どもの守護神であり、空母艦です。

≪ちょこっと心理学【基本的信頼、歪み】≫

　人間は誕生において、母子間に不安も心配もない信頼関係を持って生まれてくる。未熟な乳幼児が、養育者との間に強い情緒的絆を形成する中で、自分、自分以外の人、自分を取り巻く世界に対して信頼感を抱く。これを**基本的信頼**と言う。

　しかし、乳幼児は、次第に自分の思い通りにならないことがあることに気づいてくる。一人では生きていくことのできない乳幼児は、母親に見放されないために、未熟な判断力で、どうすれば母親に受け入れてもらうことができるか必死に試行錯誤する。

　自分が従属的に振る舞うと、受け入れてもらえる時、相手に対して攻撃的に振る舞ってみたところ、受け入れられたと感じる時、また、何をしても自分は受け入れられていないと感じる時がある。

　この過程において、親に受け入れられて始めて生きていくことができる乳幼児は、自分のありのままの気持ちや欲求を抑えて親に適応しようとし、**基本的信頼**に歪みを生じる。

コラム

I Love You Because You're You
By   Liza Baker

幸せそうに、おおきな口をあけて笑っている、
そんなあなたが大好きよ。

お眠になって、近くにすり寄ってくる、
そんなあなたが大好きよ。

ぐるぐる回ってお馬鹿さんのように踊っている、
そんなあなたが大好きよ。

奇妙な音を聞いて怖がって怯えている、
そんなあなたが大好きよ。

ママの後ろに隠れて恥ずかしそうにしている、
そんなあなたが大好きよ。

私の腕の中から飛び出し勇ましい、
そんなあなたが大好きよ。

興味深々にあちこち探検している、
そんなあなたが大好きよ。

威張ってふんぞり返っている、
そんなあなたが大好きよ。

病気になってベットに横たわっている、
そんなあなたが大好きよ。

活発に逆立ちしている、
そんなあなたが大好きよ。

悲しくなって抱っこしてほしがっている、
そんなあなたが大好きよ。

ふざけてマットの上を転げまわっている、
そんなあなたが大好きよ。

怒って腕組みをして口を尖らせている、
そんなあなたが大好きよ。

活き活きと奇声を上げたり、さけんだりしている、
そんなあなたが大好きよ。

どんなことをしても、何を感じていても、
そんなあなたが大好きよ。

どんな時でもあなたが大好きよ。

あなただから、大好きよ。

【レシピ32】

父親は子どもの絶対神、親としてぶれない考えを持とう

　旅行に出かけた時のことです。助手席に座っていた女性が、「カーナビのボイス案内のように振る舞うことができれば良いなあ」と言いました。

　なぜなら、カーナビは、運転手がボイス案内の指示を間違えて運転したり無視しても、決して、怒ったり諦めたりせず、正しい道に戻るにはどうすれば良いかを考え、やさしい、冷静な声で「次の角を右折してください」などと言うからとのことでした。

　友人のその発想が非常に面白いと思い、また、カーナビの冷静な反応こそまさに OKOK の**人生態度**だと思いました。

　私たちは、人に指示したり指導したりする立場に立つ時、特に自分の子どもを教育しようとする時、自分の思い通りにならない相手にイライラし、上の立場から考えを無理に押し付けようとして声を荒げることがあります。

　たとえ、言葉では冷静を装っても、感情の動物である人間は、表情や声の調子などの非言語に感情が表れてしまいます。当然のことですが、子どもも自分の考えを持っているので、必ずしもこちらの思い通りになるとは限りません。「過去と他人は変えることはできない」のです。

ところが、ほとんどの親は子どものことを思って、変えることができない他者である子どもを、自分の考えに合うように変えようとして、親自身がストレスを溜めるのです。

　特に父親は、その存在自身が子どもには絶対神です。その父親が、時には右と言ったり、また、左と言ったのでは、子どもは戸惑ってしまいます。自分の生き方や考え方に、ぶれない筋の通った信念を持つことが大切です。

　そして、強く言わなくてもカーナビのように毅然とした態度をとっているだけで、子どもは自分で気づき反省し行動を改めていきます。

　子どもは、親から指示されたことには納得がいかず逆らう場合が多々あります。しかし、自分が選んだ道だったら間違っていても自分に責任があります。周りが何も言わなくても、その時期が来ると「アッ！　違った！」と気づき自己反省するでしょう。

　父親は、ただ、どっしり構えていて、子どもが意見を求めてきた時に一貫性のある方向を示してあげれば良いのです。そして、意見を求められた時、人生の先輩として対応することが子どもにとって最高の学びになります。お父さんは子どもの司令塔です。

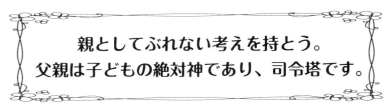

親としてぶれない考えを持とう。
父親は子どもの絶対神であり、司令塔です。

≪ちょこっと心理学【CP の自我状態】≫

　5種類の**自我状態**の中で CP（Controlling Parent）は、伝統を守る、責任感がある、リーダーシップが取れる、自分の考えを表明できる、間違い・悪いことなどには、毅然と対応するなど個人の権利を守り信念を貫く統制的な側面である。

　かつての父親像として求められた性格の側面だが、相手の状況を無視して接すると、受ける側には高圧的で不快を伴って体験することもある。

　近年、世の中の秩序を保つ CP が社会的に不足してきており、悪いことを悪いと言える人が減ってきていることを考えると、この CP を再度見直し、必要な場面に肯定的に使えるようになることが望まれる。

　つまり、
・相手の存在を肯定している。
・相手の成長を願っている。
・TPO に合っている
・適量の使用
であることが重要である。　　　　（第1章 p 36 参照）

【レシピ33】
子ども（部下）の無限大の可能性を信じよう

　ほとんどの親は、子どもを育てるのは自分の役目だからと信じ、しつけや教育を一生懸命します。「お行儀よくしなさい」「がんばりなさい」「きちんと片づけなさい」など、子どもが良い子に育つようにと、親は「〜しなさい」メッセージを多用します。子どもにとって、生きていく為に必要な情報を親から教えてもらうことは必要なことです。しかし、中には、自分の子どもを「出来る子」にしたい、他の子どもより少しでも高いレベルにと英才教育を始める家庭も少なくありません。

　しかし、発達心理学の田島信元先生は、子どもの能力を太陽に例え、「太陽のコロナだけを見るのではなく、その奥にある膨大なエネルギーをもった太陽本体のような潜在能力に目を向け活性化させることが重要」とおっしゃっています。

　つまり、誰もが持っている潜在能力は、太陽本体のように非常に大きく、個別差はほとんどありません。顕在能力は、太陽のコロナのように、潜在能力を発揮して得られる知識・技能であり、個人差、発達差がでてきます。個人の能力差は、潜在能力を発揮しているかいないかだけで、誰もが本来持っている潜在能力の一部分しか使っていないのです。

　そこで、上から目線の教育ではなく、子どもが本来持っている潜在能力である可能性を伸び伸びと発揮できるようにサポートしていくことが重要です。

子どもの『育つ力』

（田島信元先生の資料参考）

　加藤諦三先生の講演会でのお話です。

『ある日、子どもが蟬を捕ってきて母親に見せました。

　母親Ａは「まあ、汚いから手を早く洗って来なさい」と言い、夕食の仕度に追われる母親は「早く、お風呂に入りなさい」「宿題はしたの。早くしなさい」「ご飯だから、早くそこを片付けて」とせき立てるばかりです。

　その後、蟬の話も話題に上がらず、その子には別に何もなかった一日が終わり、蟬を捕ったことなど数日で忘れてしまいました。子どもの行為への無関心、無反応は意欲を失わせるばかりか、潜在能力の活性化も阻害します。

母親Bは、「どれどれ。大きいねえ。すごい！」「手はよく洗おうね」さらに、夕食時、家族全員の前で母親が、「今日この子ね。大きな蟬を取ってきたのよ」と言うと、「僕、かわいそうだから逃がしてあげたんだ」と子どもは得意げに言い、父親は「ほう、すごい！　えらいな」と褒めました。

　子どもは、自分がしたことを母親に認められ、かつ、父親に褒められたことによって、自己肯定感が高まり、自分が認められた安心感から母の言うことを素直に聞くようになりました。』

　子どもは毎日「早く、早く」と駆り立てられると、『急げ』というドライバーを身につけます。子どもの能力の活性化は、親が子どもの無限大の可能性を信じ関心を持って関わることから太陽のコロナのように大きく成長するのです。

　子どもが言ったことや話したことは、その子の時点で最高の知恵の結集です。親は、そのことを関心を持って受け止めてあげ、さらに次の言動に繋がる投げかけをしてあげましょう。すると、子どもは親に認められた安心感から、自分自身で潜在能力に語りかけ、どんどんコロナを活性化します。

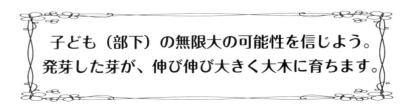

子ども（部下）の無限大の可能性を信じよう。
発芽した芽が、伸び伸び大きく大木に育ちます。

≪ちょこっと心理学【拮抗禁止令・ドライバー】≫

　親の指示・命令を言葉で受けて、自分の心の中に蓄えた極めて常識的な親の自我状態Pから子の自我状態Pに発せられる「〜しなさい」というメッセージを**拮抗禁止令**という。「対抗指令」「指示」ともいう。たとえば、「おてつだいをしなさい」「きちんと片づけなさい」「我慢しなさい」「遅れないようにしなさい」　など。

　拮抗禁止令の中で、先に身につけた**禁止令**のため、特に**人生脚本**に繋がる駆り立てられる「〜ねばならぬ」というネガティブな五つのメッセージを**ドライバー**という。

　完全であれ (Be perfect !)
　強くあれ (Be strong !)
　人を喜ばせよ (Please others !)
　一生懸命にしろ (Try hard !)
　急げ (Hurry up !)

　これらのメッセージが絶対的な存在の親から発せられると、幼い子どもの心は強く束縛され、行動は不自由になり、成長してからも生き方に強い制限を与える。

　また、**ドライバー**に従って行動していると、いつも駆り立てられ、まだまだ出来ていないと行動に従うたびに納得のいかない不満足感が残る。また、周りの人たちにも行動を強要したり、できて居ない人を見るとイライラする。

　ドライバーは、言語を通して身につけたものであり、行動として現れるので自分で自覚しやすく、自己変革するきっかけになる。

【レシピ34】
子どもは小さな心理学博士と認めよう

　住居用高層マンションの狭いエレベーター内でのとっても可愛い出来事を3件お話します。

【出来事1】

　お母さんと3歳ぐらいの女の子との会話です。
　子「あのピンクじゃいや！」
　母「もっと融通を効かそうよ。そんなに変わりない」
　子「違うよ。あのピンクじゃいやなの」
　母「なんでそんなにこだわるの？　そんなに変わらないから我
　　　慢しなさい」
　子「違うよ。もっと薄い色がいいよ」
　母「あれのほうがずっと綺麗だよ」
　子「いやだ～」
　母「仕方ないでしょ。我慢しなさい！」
　子「じゃあいらない」
　母「ほんとに頑固ねえ」

　この会話を聞いていて、私の内面では、「お母さん！　3歳の子と対等に言い争ったらダメ！　今は子どもの自己効力感を養うチャンスだよ！　もっと心に余裕を持って接して！」と叫んでいました。

　子どもにとって、お母さんが自分の言ったことを聴いてくれた

喜びは、「やったあ！」「ママ大好き！」「私もできる！」と、ふわふわさんとなって貯まります。自分で感じたことを素直に表現しても良いのだと自己効力感が高まり、感受性豊かに成長します。

【出来事2】

　住居用高層マンションのエレベーターに私ともう一人男性が乗っていました。そこに、10歳ぐらいの男の子たちが五人も乗ってきて「おい！　もっと詰めろよ！」とにぎやかです。

　数名の子が階のボタンを押したところ、点灯が三つ斜めに一列になりました。それを見て、その子が即座に「ビンゴ！」と言ったのです。友だちも即座に「本当だ！」とワイワイと嬉しそうです。

　その時、閉じかけたエレベーターにさらにもう一人が乗ってきました。降りる階のボタンを押したところ、さらに別角度で点灯が並びました。すると、最初から乗っていた初老の男性が、即座に大きな声で「ビンゴ！」と言ったのです。

　このような場面では、大人たちはつい無関心だったり、うるさいとしかめっ面をしたりしてしまいがちですが、初老の男性の対応は素晴らしく、その場がいっぺんに"窮屈"から"ふわふわ"に変わりました。「中年男性も、まだまだ子ども心ＦＣを忘れていないぞ！」と嬉しくなりました。

　込み合って息苦しいはずの小さなエレベーターの中が騒がしいほどの笑いで包まれました。子どもが感じたまま発した言葉が、

周りの大人にまで飛び火し、皆で微笑みあえた経験でした。

　子どもたちは、大人よりも感じたままを言語化できる豊かな感受性を持った心理学博士です。社会全体で大切に育てたいものです。

【出来事3】

　エレベーターには、中年男性一人と私が先に乗っていました。
　そこに4〜5歳の女の子とママが乗ってきました。女の子が自分の降りる5階のボタンを押し「金メダル！」と言いました。そして、ランプが点灯している16階を指し「銀」、30階を指し「銅」と言いました。

　お母さんは「どうして？　30階が金でしょ？」と、大人の感覚と同乗者への遠慮から言ったところ、「5階が1番早く着くよ。だから金メダル」と答えました。

　それを聞いて、30階で降りる予定の男性が「そうだね。5階が1番早いもんね。金メダル」とにっこり話しかけました。

　エレベーターに乗り合わせても話しかけることが少ない都心のマンションですが、男性の子ども目線に沿ったやり取りに、ほんのわずかな時間でしたが、温かい空気が流れました。子どもの素直な感性には感服です。

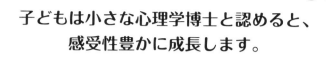

子どもは小さな心理学博士と認めると、
感受性豊かに成長します。

≪ちょこっと心理学【ＦＣの自我状態】≫

　５種類の**自我状態**のうちＦＣは、幼い頃の素直で純真な子ども心のエネルギーである。

　私たちは成長とともに、いろんな知識を身に付けつける。また、いろんな人たちとの交流が必要な社会において社会性を身につけ、理性が感情をコントロールするようになる。

　その結果、本当の自分の素直な感情を表現することが押さえられ、周りに合わせる**自我状態ＡＣ**を強める。

　しかし、幼い頃のありのままの**自我状態ＦＣ**は、大人になっても心のどこかで生き続けている。この感情を素直に表現できることは、幼い頃のミニ体験に通じ、ストレスが溜まらない活き活きとした生活に繋がる。

【レシピ35】
花を育てるように、子どもを育てよう

　私が、約20年前に「ふわふわさんの草の根運動」を始めた時に、自分のモットーとして創った詩があります。

『花を育てる』
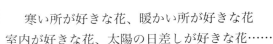

寒い所が好きな花、暖かい所が好きな花
室内が好きな花、太陽の日差しが好きな花……
花に水をやりすぎると、根腐れをする。
水が足らないと枯れる。
でも、花は、自分から水を要求してこない。
育てる人が、花の状態を見て
適量の水をやったり、置き場所を考えたり……
子どもを育てる時も、おなじ。
自分から要求してこないから周りの温かい目が大切。
相手の状態を良く見て、
適量の援助・支援をしたり、見守っていたり……
人は皆、この世にたったひとりの
素晴らしい存在です。
よく見て聴いて上手に育てよう。

　花を育てる時、どの花も、暖かい場所に置いて水を十分にあげれば育つわけではありません。綺麗な花を咲かせるためには、その花に合わせて、適切な置く環境、与える水の量、温度、日当たりなどを考えなくてはなりません。

　これは「子どもを育てる」ことにおいても同じです。優しい言葉がけをしていると思っても、相手はおせっかいに思っているかもしれません。

　また、言葉がけだけが**ストローク**ではありません。握手、ハグ、肩に手をやる、ハイタッチなどタッチすることは、受け取る子どもの心に直接、誤解なく伝わります。よく見て、その子にあった**ストローク**を与えましょう。

　厳しい環境に適応してきた植物や雑草は、少々のことでは枯れないのと同様に、いろんな困難を乗り越えてきた子どもには、心を閉ざして身を守る人もいれば、打たれ強い人もいます。関わる人は、自分の思い込みや偏見を取り去って、目の前に居る子どもをありのままに受け入れてあげましょう。

　心を閉ざしている子どもには、言葉を使って理性的に対応するよりも、さりげなく差し出した手が、あなたの裏面のない思いやりとして心に響くこともあります。子どもを理解するとは、寄り添ってその子に合った成長をサポートすることです

　植物は環境が変われば弱るのと同様に、転校、転居、新入学などをした子どもは、目に見えない緊張感を持ち、心が過敏な状態

になっています。そんな時、「そんな弱気では駄目」とか「もっと積極的に……」など、好意的に励ますつもりで言ったことが、子どもをますます弱らせることもあります。

　「何かあったら、なんでも言ってね」というたった一言と優しいタッチが、自分を守ってくれる人がいる、自分は一人じゃないとその子の心に余裕を与えることでしょう。さりげなく声をかけて、子どもが自分のペースを取り戻し動き出すまで、振り向いたら見える位置で温かく見守ることが大切です。

　植物にあげる水の量は、夏場は多く、冬場は控えなければならないのと同様に、その子の年齢に応じた関わり方が大切です。

　幼い頃、いろんな世話をされ嬉しく思っていたことが、10代の若者になると「ウザッタイ」「ウルセイ」関わり方になる場合があります。心の自律形成の時期は、親は見守っていて、助けを求められた時に誠心誠意かかわってあげることが大切です

　すべての植物が暖かい所を好むわけではないのと同様に、誰に対しても"優しく"接していれば良いのではありません。

　時には、厳しく、道徳や社会ルールをしっかり伝えなくては、多くの人々が複雑に関連し合って生活する社会では適応できないでしょう。特に近年における一部の若者たちの乱れは、大人たち自身が自信を持って指導できないことが一因であると言われます。決して温かい言葉だけが良いのではありません。人に迷惑をかけたり規則を破った時などは叱ることも必要です。子どもの成長を願った的確な関わり方が重要です。

　私達は、毎日多くの人と触れ合い、多くの経験をし、貴重な時間を過ごしています。その反面、どれほど、自分の対極にいる子どもの状態を、温かく見守り言動しているでしょうか？

　子どもを自分に従わせていると、自分のミニチュア版に成長するだけです。それより、子どもの無限大の可能性を自由に発揮できる環境を整えてあげると、大輪の花を咲かせることでしょう。

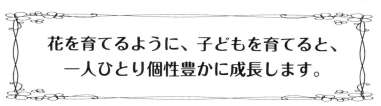

花を育てるように、子どもを育てると、
一人ひとり個性豊かに成長します。

≪ちょこっと心理学【タッチストローク】≫

　相手の存在を認めてする働きかけである**ストローク**の中で、体に触れる働きかけを**タッチストローク**と言い、「心のふれあい＋体のふれあい」とダブルで作用する。

　私たち人間は、理性的な言葉を覚えるより先に、親の肌の温もりから**タッチストローク**をもらっている。肌の温もりは、裏面なく直接心に響き、相手の感情に働きかける。そのために、相手が喜んだり悲しんだりして心が大きく動いている時や自分の感情を伝えたい時などに有効である。たとえば、嬉しい時にハイタッチしたり、悲しい時にハグをすると 何倍もの肯定的**ストローク**ふわふわさん® が伝わり、心から分かり合える関係が生まれる。

　その反対に、怒って叩いたり、嫌がる異性にタッチすることは、言葉より何倍もの否定的**ストローク**チクチクさんが伝わるので気を付けなくてはいけない。

【レシピ36】
子ども（部下）の言動を理解しよう

　子どもに対して、"できない""しない"等と否定形で評価することや、"ダメ"と言動を禁止する態度を一度見直してみませんか？

　何を伝える場合でも、そのことをどの角度から捉えるかによって肯定的にも否定的にも話すことができます。

- 失敗ばかりしている子に、「だめね！」と否定的に言う代わりに、成功した時に「すごいね」と肯定的に声をかける。

- 60点のテスト結果を見せた子に、「60点しか取れなかったの」と否定的に言う代わりに、「60点取れたんだね」と肯定的に言ってあげる。

- いつも部屋を散らかしている子に、片付けない時に叱る代わりに、片付けた時に褒めてあげる。

- 勉強をしないでテレビばかり見ている子に、テレビを見ている時に叱る代わりに、勉強している時に褒める。

　子どもは、いつも無意識ですが、自分の親に認めてもらうにはどうすれば良いかに高い関心があります。そんな時、否定形で評価されたり、ダメと禁止されたり、恐い顔でにらまれたりすると、心が萎縮して自分の行動を制限してしまいます。

　特に、言葉を理解しない乳幼児は、周りの大人たちとのすべての関わりを、快・不快という感情だけで分類します。そして、親の発する非言語が不快な場合は、「〜するな」と言う**禁止令**として、心の奥深く性格の基礎となる部分に取り込みます。

　少し成長し理性を身につけるようになっても、周りの大人たちとの関わりを、無意識のうちに快・不快という感情を基に捉えることに変わりはありません。

　さらに、一人で生きていくことができるように成長しても、落ち込んだり、不快なことがあったりすると、幼児の時に身につけた**禁止令**に基づく感情に逃げ込み、本当の感情を押し殺してしまいます。

　反対に、親に良いところを認められると、自分を理解してもらえたと心地良く感じ心に余裕ができ、**自己肯定感**を高めます。

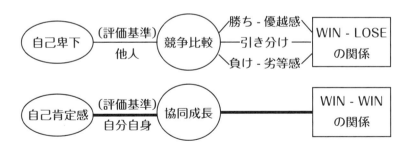

　ハーバード大学が75年間にも渡って研究し続けている「成人発達研究」のテーマに、「人間の幸福」があります。人生の幸せを左右するカギは何であるかという研究です。対象となったグ

ループは、1939 〜 2014 年にボストンで育った貧しい男性 456
人（グラント研究）と、1939 〜 1944 年にハーバード大学を卒
業した男性 268 人（グリュック研究）です。

　この研究で大切なのは、『友人の数が多いとか、交際相手がいるか
ではなく、身近にいる人たちに本当の自分を見せることができるかと
いう関係性の質が人生の幸せを左右する』と結論付けていることです。

　子どもにとって一番身近にいる人は親です。その親に理解され
ていないと思うと、本当の自分を見せることをしなくなります。

　また、ハーバード大学の別の研究結果では、『母親と温かい幼
少期を過ごした人は、仕事で成功する傾向にある』とのことです。

　あるレストランで耳にした母子の会話です。

　幼稚園生ぐらいの女の子が注文したお皿に乗っている海老を見
て「海老さんって、どこからおしっこをするの？」とお母さんに
聞いたのです。女の子のママは、「エッ！　どこからかね？」と、
ニッコリして、「トイレに行きたい？」と聞いたのです。すると
女の子が「行ってくる」と言って走って行きました。自分がトイ
レに行きたかったのです。

　ほほえましい母子の対話でした。隣の席にいた私は、思わずにっ
こりしてしまいました。

　言葉にだけ反応しないで「どうしてこんなことを言うのかな？」

と、ちょっと子どもの気持ちに焦点を当ててみましょう。子ども
にとって、一番理解してほしい存在は親だということを再認識し
て下さい。

子ども(部下)の言動を理解しよう。
自分を一番理解してほしい存在は親です。

≪ちょこっと心理学【禁止令】≫

　禁止令は、乳幼児期に親からくり返し言われたり、強烈な印象
を持って伝わったことにより、非建設的な生き方の原因となる
「〜するな」という非言語メッセージである。

　子どもの**自我状態C**に「〜してはいけない」とフィルされ、行
動を起こそうとした時に心にブレーキをかけて邪魔をし不快感と
して残る。幼い子どもにとって、絶対的な存在の親から「〜するな」
と禁止されると心は萎縮して、早期脚本の幼児決断の主原因とな
る。交流分析の権威・グールディング夫妻は、親の発する**禁止令**
を12にまとめている。

　（〜するな、存在するな、成長するな、子どもであるな、成功す
るな、おまえであるな、属するな、重要であるな、近づくな、考
えるな、感じるな、健康であるな）

【レシピ37】

子ども（部下）の心の叫びに耳を傾け心の的を射よう

　子どもは、大好きなママに愛されているかどうかに不安を持っていて、心のどこかに安心感を得たい気持ちがあります。

　子どもの不安感を可愛く表わした米国の教育童話『I love you』（SCHOLASTIC）の一部を筆者が訳してみました。

I Love You Stinky Face　　　Lisa McCourt 著

....

「大好きよ。私の大切な坊や」
とママは僕を包み込むように抱いて言った。

でも、僕は聞きたいんだ。
「ママ。もし僕が大きな怖いお猿さんだったら？
それでも、僕のこと好き？」
「もし、坊やが大きな怖いお猿さんだったら、
毛がもつれないように、
体中毛で覆われたあなたを櫛でとかしてあげましょう。
そして、
誕生日のケーキをバナナで作ってあげましょう。
そして、こう言うわ。

『大好きよ。ママの大きな怖いお猿さん』」
「でもね。ママ。でもね。ママ。
もし僕がすごくくさい臭いのするスカンクだったら？
そして、あまりにも臭いので、
僕の名前が stinky face（クサイヤツ）だったら？」

「だったら、ママはあなたを風呂に入れて、
甘い香りのするパウダーを振り掛けてあげましょう。
それでも臭ったら、ママは気にしないわ。
ママは坊やをきつく抱きしめて、耳元でこう囁くわ。
『大好きよ。ママの stinky face（クサイヤツ）』」

「でもね。ママ。でもね。ママ。
もし僕がママの頭を噛み千切ってしまうかもしれない
大きな鋭い歯を持ったワニだったら？」

「だったら、ママはあなたの大きな歯を磨く歯ブラシを買って、
あなたの歯が丈夫で強くあり続けるように、
毎晩磨いているか確認してあげましょう。
そして、もし、あなたが歯が痛いと言ったら、
大丈夫か確かめるために、あなたの巨大な口に頭を突っ込むわ。
そして、こう言うの。『大好きよ。ママの獰猛なワニさん』」

「でもね。ママ。でもね。ママ。
もし、僕が毎晩眠っている間にシーツを引き裂く
剃刀のような鋭いつめを持った恐ろしい肉食恐竜だったら？」

「だったら、それがあなたの好きなものだから、
ママはあなたにいっぱいお肉をあげましょう。
そして、毎日シーツを繕ってあげましょう。
なぜなら、シーツを引き裂いたのは、
やろうと思ってしたんじゃないんだから。
そして、毎晩、あなたに繕ったシーツをかけてあげましょう。
そして、こう言うの。『大好きよ。ママの可愛い恐い恐竜さん』」

「でもね。ママ。でもね。ママ。
もし、僕は泥だらけの沼に住んでいる生き物で
臭う海草がぶら下っていて
沼から出られず、出たら死んでしまうとしたら？」

「だったら、ママは沼の隣に家を建てて、あなたと一緒にいて、
いつも面倒を見てあげましょう。
そして、あなたが泥を跳ね散らかした時に言うの。
『大好きよ。ママの泥だらけで可愛い沼地の怪獣さん』

「でもね。ママ。でもね。ママ。
もし、僕が月から来た緑色をした宇宙人で、
ピーナッツバターの代わりに虫を食べるとしたら？」

「だったら、ママはあなたに
素敵な緑の皮膚を引き立たせる色のお洋服を着せ、
今までに食べたこともないゴキブリやクモやアリやバッタを
あなたのお弁当箱に入れてあげましょう。
そして、その虫と一緒に『大好きよ。かわいい緑色の坊や。

さあ、召し上がれ！』と書いたメモをつけるわ」

「でもね。ママ。でもね。ママ。
もし、僕が一つ目小僧で、
頭の真ん中に大きな、大きな目がたった一つしかなかったら？」

「だったら、ママは大きな、大きなあなたの目を覗き込んで、
こう言うの。『大好きよ、私の一つ目小僧さん』
そして、あなたの大きなまぶたがだんだん垂れ下がっていって、
ついに、目を閉じ深い眠りにつくまで、
あなたに子守唄を歌ってあげましょう」

「ママ、大好き」
「ママも大好きよ。私の大切な坊や」

‥‥‥‥‥‥‥‥‥‥‥‥‥‥‥‥‥‥‥‥‥‥‥‥

　さて、あなたは自分の子どもに、どのように「大好きだよ」と
伝えますか？　子どもにとって、ママが与える**ターゲットスト
ローク**が最高のプレゼントです。

> # 子ども(部下)の心の叫びに耳を傾け、
> # 心の的を射よう。
> # わかってくれる人が一人いたら生きていけます。

≪ちょこっと心理学【ターゲットストローク】≫

　相手の存在を認めてする働きかけである**ストローク**の中で、欲しい時に欲しい人からの欲しい的を射た**ストローク**を**ターゲットストローク**と言う。たとえば、仕事で疲れてホット一息つきたいと思っていた時に、上司が「疲れただろ」と言って缶コーヒーを差し入れた。たったこれだけのことなのに、その部下は、「なんと良い上司だろう」と感激した。これが**ターゲットストローク**である。

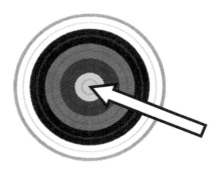

【レシピ 38】
心のアフターサービスをしよう

　傾聴の重要性はよく取り上げられますが、その理由は、目の前の人の存在を無条件に肯定的に認知する行為だからです。傾聴は、単にリスニングと言う時もあれば、ポジティブリスニング、アクティブリスニングとも言います。

　さて、筆者は、目の前にいる相手の話をしっかり傾聴し、後日、再度、その聴いたことを話題に取り上げる関わり方を " 心のアフターサービス " と言っています。

　近年、不安定な社会情勢、世代間のギャップ、企業の実力・能力主義によるメンター機能の喪失、ハイテク化による人間同士の関わり合いの減少など、自分の存在に不安感を抱く状況が急増しています。

　その為に、仕事をしたり、勉強したり、運動したりすることが、単に自己成長のためだけではなく、無意識のうちに自分の存在に対する不安感を軽減する行為になっていることがあります。

　つまり、これらの行為の価値は、他人に認めてもらって初めて見出せるのです。

　この相手の存在を認める最も簡単で最高の手段が傾聴です。嬉しかったり、悲しかったり、辛かったり、寂しかったり、心が大

きく動いた時、また、**ストローク飢餓**に陥った時、その気持ちを自分一人で対処することは非常に難しく、誰かに聴いて欲しいなあという欲求が生じます。

　そんな時、接した相手が、自分を一人の人間として大切に接してくれるとその場を安心安全と感じます。すると、無意識に、更にもっと心の深い部分まで話すようになります。

　そして今度は、そのことを、批判とか批評をしないで、ありのままに理解して欲しいという欲求が沸き起こってきます。傾聴してもらってこの欲求が満たされると、心に余裕が生まれ、不安定だった心が落ち着き、自分を冷静に見つめられるようになります。

　落ち込んでいた場合は、自分自身で問題を探って、今の自分より成長したいという欲求がわき起こってきます。

　嬉しい話の場合は、受け止めてもらうことにより、心の中にふわふわさんが増殖し豊かになります。聴き手に対しては、心より好感を持つことでしょう。

　傾聴は、目の前にいる人の存在を丸ごと認める**無条件ストローク**です。もと上智大心理学科の故小林純一教授は「人は、自分を解ってくれる人が一人いたら生きていける」と言っています。その解ってくれる相手が親だったら、最高の存在認知です。

　近年、若い世代の人たちは、自分を出すといじめにあったり仲間はずれにされるので、しっかりした意思表示をせず、回りに合

わせることによって人間関係を保とうとする閉鎖的な人が増えています。自分を抑えている為、心の中に不快な感情が溜まり、溜まり過ぎると " 切れる " という状態になって表面化します。

このような傾向にある若者に、上から目線で、「〜べきである」「〜ねばならない」と言うと、不満が心の中に溜まり、ますます心を閉ざしてしまいます。

そこで、子どもの感情に焦点を当てて傾聴し、「存在を肯定的に認めている」というサインを出し、萎縮しがちな心を全面的に受け止めてください。傾聴で相手の心の防衛を取り除き、本来持っている活き活きした心を活性化させてあげるのです。

さらに、この傾聴した内容に関して、後日再び、" 心のアフターサービス " をして下さい。

親が自分にこんなに関心を持ってくれているんだと感じると、子どもの心が潤い自己肯定感を高めます。すると、親の立場から社会のルールや勉強の進め方などをアドバイスしても素直に受け取ってくれるようになります。

親は日常生活に追われたり、子どもの未熟な態度に付き合えず、自分の意見を伝えることを優先しがちですが、傾聴と " 心のアフターサービス " は、子どもに安心安全の場を与える大切な関わり方です。

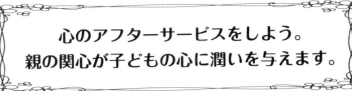

心のアフターサービスをしよう。
親の関心が子どもの心に潤いを与えます。

≪ちょこっと心理学【傾聴】≫

　傾聴とは、聴くという字が表わすように、耳と目と心を足して全身で相手を受け止めて聞くことです。目の前にいる人の存在を丸ごと認める無条件**ストローク**です。

　その中でも、特に重要なことが、相手の心（感情）を捉えることです。感情は"心の窓"といわれる目に表れます。その為に、電話やメールではなく、対面して、相手の表情を捉えながら、相手の感情に焦点を当てて聴くことが傾聴にとって特に重要です。なお、傾聴したことは本人が OK を出さない限り秘密の厳守が大切です。

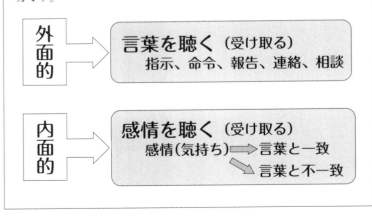

【レシピ 39】
自信を持って、余裕を持って、堂々と振る舞おう

あなたは"自分の子どもにとって最高の親"だという自信がありますか。また、何故、親としての自信が必要なのでしょうか？

さて、子どもの言動は、自然発生してきたものではありません。私たちの性格は、

　　①持って生まれた部分
　　②幼い頃の性格を今も持ち続けている部分
　　③幼い時から自分の周りにいる親や状況から情報を得て心の
　　　中にためこんでいる部分
　　④成長と共に自分が納得の上で取り入れた部分
から出来ています。

つまり、子どもの一番近くにいる親の性格が、自分の子どものモデルになるは当然のことです。また、言動の多くも親を**モデリング**します。

そこで、あなた自身が自信をもって行動しなくては、あなたの子どもの性格形成が不安定になるのは、推測出来ることです。

ところが近年、文明の発達に反比例して、親が親であることの自信をなくしてきている気がします。特に、性格の基礎ができる乳幼児の育児の時期に、出産後の育児に自信が持てず、育児書に頼りきって育てようとしたり、産後鬱になったり……育児疲れの

末にストレスが飽和状態となり、その発散対象が子どもになり、虐待を繰り返したり……。

　親が子育てに自信をなくす大きな理由は、「ねばならぬ」という他律的な考え方に縛られていることです。

　近年の IT の発達により、あまりにも簡単にいろんな情報が手に入るために、頭の中が知識で一杯になって現実が見えなくなり、頭の中だけで理想の子育てを追求していくのです。

　挙句の果てに、子育てや教育に関して育児書通りの完璧な状況を思考の中でつくり上げ、その通り出来ない自分に自信をなくし、かつ、理想通りに育たない自分の子どもに苛立つのです。

　これではまるで、小さな子どもが物語の主人公に憧れて、「大きくなったらウルトラマンになる」と夢を追っていることとまったく同じです。

　いえいえ。子どもは、自分自身のことを言っているので人に迷惑をかけません。親は自分の空想とも言える理想を子どもに押し付けようとしているので、罪が深いといえます。

　また、さらに、多くの親は、外部でいろんなストレスがあっても、社会に対して強く出ることができず縮こまっています。その反動として、無意識のうちに、家に戻ってきて、弱い存在の子どもに強くあたることがあります。そんな親を子どもは見ています。

　文明が発達していなかった昔は、親は強く堂々としていて、外敵や危険から子どもを守るために、立ち向かっていました。強くあらねばならぬのは、外部に対してであって、家庭内部ではないのです。

　ただし、皆さんの中には、確信を持って子育てをしている人も多々いることでしょう。そのような人は、再度、自分自身の関わり方を客観的に見つめ直すことによって、もっともっと素敵な親になることでしょう。完璧を見せるのではなく失敗にどう対処するかを見せることも、子どもにとっては良い勉強になります。

　子どもにとって親は、最高の人生モデルなのです。

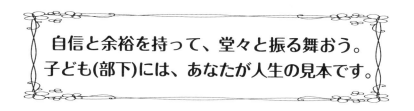

**自信と余裕を持って、堂々と振る舞おう。
子ども(部下)には、あなたが人生の見本です。**

≪ちょこっと心理学【モデリング】≫

　子どもは、成長していく段階で、主に自分の一番近くにいる親（養育者）の言動を真似て、立居振舞や話し方を自分の言動に取り入れていく。このことを**モデリング**という。通常、同性の親を自分のモデルとしがちである。

終　章

自己理解⇒自己受容⇒自己成長

⇒自己実現

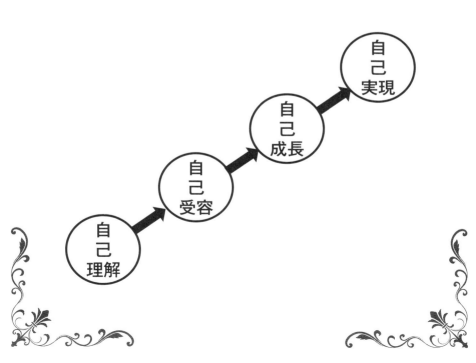

【レシピ 40】
気づいた？　では、今からすぐに行動に移そう！

　第 1 章は自己理解を自己受容に繋げる章です。
　第 2 章から第 5 章は自己成長に通じる章です。

　私たちは日々の生活の中でいろんな気づきを得ます。その中で、心からアハ体験をすることがあります。その時が、自分が大きく成長できるチャンスです。

　ただし、気づきは、行動変容して初めて自分の真の成長に繋がります。

　しかし、長い間、慣れ親しんできた行動は、何らかのメリットがあったから続けてきたのです。それを変えることは、未知の世界に入ることであり、不安がつきまとうのは当然です。

　その不安を取り除いてくれる重要な考えが、三つの哲学です。

　　①人はだれでも OK である。
　　②だれもが考える能力を持っている。
　　③人は自分の運命の決定権を持っていて、その決定は自分で
　　　変えることができる。

　行動変容に不安を感じた時は、この哲学を思い出してください。そして、誰かに言われたからではなく自分自身で判断して、自

分が望む方向に足を踏み出してください。

　その一歩を、自分の目標、夢に向かって踏み出すために、必要なことが二つあります。

　まず一つ目は、自分は大丈夫という自己肯定感が必要です。「自分は OK」という気持ちです。

　二つ目は、行動目標です。私たちは毎日、仕事をしたり、運動をしたり、勉強をしたり、いろんな行動をとっています。何気なく行なっているこれらの行動は、意識をしていないかもしれませんが、自分自身が立てた目標に向かって取っている行動です。

　たとえば、今日の夕方までにこの仕事を終えなくてはいけないと思えば、何時までに処理するとの目標のもとに行動したり、健康でいたいと思えば、その目標のために運動したり食事制限をしたりします。また、資格を取りたいと思えば、その目標のもとに勉強するのです。

　目標とは個人が成し遂げようとして設けた目当てであり、行動の対象となるものです。「目標を持つ」とか「目標達成」などというと、大ごとのように感じますが、目標がともなわない行動はなく、すべての行動は自分が掲げた目標に向かって方向付けられています。小さな目標達成の積み重ねが大きな目標達成につながるのです。

　さて、ここで重要なポイントは、目標を立てそれに向かって行

動するのは"あなた自身"であり、他の誰でもないということです。

　どんな重要なことであっても、些細なことであっても、あなたが心から取り組もうと受け入れない限り、満足のいく目標達成はできません。

　子どものころを思い返してみてください。親に「勉強しろ」と言われても反発心がわき起こり、本気に取り組まなかったのでは？　ところが、好きなことは言われなくても一生懸命がんばったことと思います。

　自分の人生は自分で切り開くしかありません。「ねばならぬ」と周りから言われて、他律的に行動したり、周りとの比較で行うと必ず行き詰まりを感じます。

　自分は本当に何がしたいのかを、自分自身で考えて見ましょう。そのしたい事が自分自身で考えたことで魅力的ならば、自然と活き活きとした行動が伴ってきます。

　そして、「ゆっくり行ってもいいんだよ」「迷ったら人の助けを借りてもいいんだよ」「疲れたら少し休んでもいいんだよ」などと絶えず自分自身に**アローワー**を与えながら、自分自身の道を歩みましょう。

　すると、たとえ失敗しても不快な感情は残らず、納得のいく感情を味わうことができます。

　この一連の行為によって、あなたは他律的な人生ではなく、自分自身が自分の取る行動を選択し、自分が納得のいく自律的な人生を送ることができます。

　これが人生の**勝利者**であり、自己実現への道です。

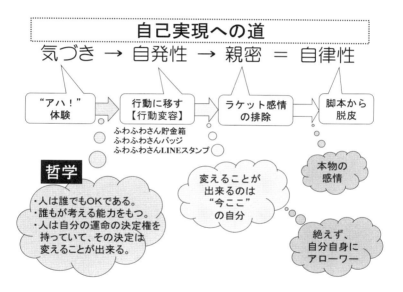

今という時間は２度と戻ってきません。

大切な時間です。

誰でもこの世にたった一人の貴重な存在です。

大切なあなたです。

自分の人生を切り開くのは自分自身です。

大切な未来です。

あなたの大切な時間を使って、

あなた自身の道を歩むことが、

あなたの大切な未来に繋がります。

著者紹介

小林雅美（こばやし・まさみ）

大阪府出身、慶應義塾大学文学部卒
元三菱商事株式会社
元日本航空株式会社国際線客室乗務員
元東京コミュニケーションアート専門学校講師
ＣＯＳＭＯＳコミュニケーション・代表
ＴＡ実践研究所・所長　http://ta-fuwafuwasan.com/
文教大学人間科学部・非常勤講師
日本交流分析学会・評議員　http://www.ja-ta.jp/
（特非）日本交流分析協会・交流分析士教授
（一社）日本産業カウンセラー協会・シニア産業カウンセラー
　ほか　　　　　　　　　　　http://www.counselor.or.jp/

交流分析に関心を持たれた人は下記にご連絡下さい。

〒108-0014　東京都港区芝4－16－2－2105
ＴＡ実践研究所　http://ta-fuwafuwasan.com/
ta.fuwafuwasan@gmail.com

ふわふわさんとチクチクさんの
ポケット心理学
心豊かに生きるための40のレシピ

定価（本体1600円＋税）

2018年10月29日初版第1刷印刷
2018年11月 9日初版第1刷発行
著　者　小林雅美
発行者　百瀬精一
発行所　鳥影社 (www.choeisha.com)
〒160-0023 東京都新宿区西新宿3-5-12トーカン新宿7F
電話 03-5948-6470, FAX 03-5948-6471
〒392-0012 長野県諏訪市四賀229-1(本社・編集室)
電話 0266-53-2903，FAX 0266-58-6771
印刷・製本　シナノ印刷
ⒸKOBAYASHI Masami 2018 printed in Japan

乱丁・落丁はお取り替えします。　ISBN978-4-86265-710-7 C0011

＊本書に掲載されている絵や翻訳文は倫理的に問題のないものを使用しています。

日本音楽著作権協会(出)許諾第1810598-801号